本书出版获中央高校基本科研业务费以及上海外国语大学学术著作出版资助

孔祥瑞

译注

论语译注

上海社会科学院出版社

图书在版编目(CIP)数据

论语译注 / 孔祥瑞译注 .— 上海：上海社会科学院出版社，2020

ISBN 978-7-5520-3310-6

Ⅰ.①论… Ⅱ.①孔… Ⅲ.①儒家 ②《论语》—译文 ③《论语》—注释 Ⅳ.①B222.2

中国版本图书馆 CIP 数据核字(2020)第 176823 号

论语译注

译 注 者：孔祥瑞
责任编辑：温　欣
封面设计：璞茜设计-王薯聿
出版发行：上海社会科学院出版社
　　　　　上海顺昌路 622 号　邮编 200025
　　　　　电话总机 021-63315947　销售热线 021-53063735
　　　　　http://www.sassp.cn　E-mail: sassp@sassp.cn
排　　版：南京展望文化发展有限公司
印　　刷：上海天地海设计印刷有限公司
开　　本：890 毫米×1240 毫米　1/32
印　　张：14.5
插　　页：1
字　　数：215 千字
版　　次：2020 年 10 月第 1 版　2020 年 10 月第 1 次印刷

ISBN 978-7-5520-3310-6/B·287　　　定价：58.00 元

版权所有　翻印必究

目录

- 学而第一　001
- 为政第二　019
- 八佾第三　041
- 里仁第四　067
- 公冶长第五　087
- 雍也第六　113
- 述而第七　139
- 泰伯第八　167
- 子罕第九　185
- 乡党第十　209
- 先进第十一　233

颜渊第十二	259
子路第十三	281
宪问第十四	307
卫灵公第十五	345
季氏第十六	373
阳货第十七	391
微子第十八	417
子张第十九	431
尧曰第二十	451
后记	460

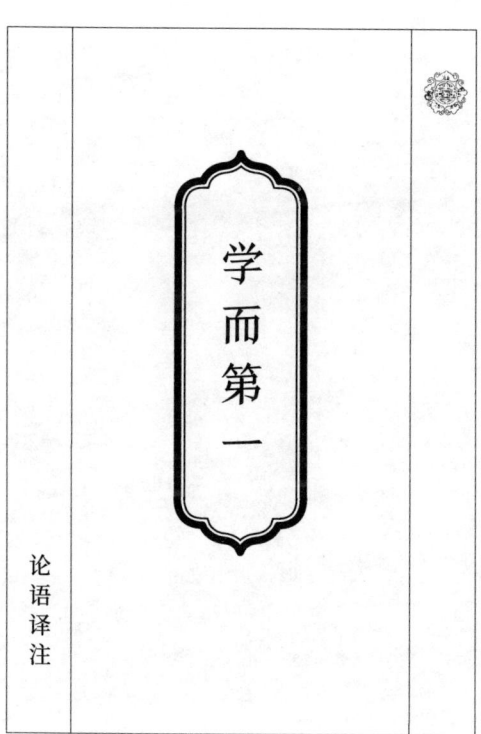

学而第一

论语译注

1.1 子①曰:"学而时②习③之,不亦说④乎?有朋⑤自远方来,不亦乐乎?人不知而不愠⑥,不亦君子⑦乎?"

【注释】

① **子**:孔子。"子"是古代对男子的美称,多指有学问、有道德或有地位的人。班固在《白虎通义》中说:"子者,丈夫之通称。"此处的丈夫指的是男子。顾炎武在《日知录》中,从历史演化的角度解释了"子"的意思:在周代,子是公、侯、伯、子、男五种爵位之一,"而大夫虽贵,不敢称子"。春秋时期自鲁僖公、鲁文公以后,执政卿开始称子;后世,人们还把老师或有学问的人称为子。《论语》中除了孔子称子外,有若、曾参、闵子骞也曾被称为有子、曾子、闵子。

② **时**:时常。今注中也常把"时"解释为按时。皇侃《论语义疏》中把人的学习之时分为"身中、年中、日中"之时。"身中"就是年龄,根据不同的年龄学习不同的内容,如"六年教之数与方名,七年男女不同席,八年始教之让,九年教之数日,十年学书计,十三年学乐、诵诗、舞勺,十五年成童舞象"。"年中"是季节,古人认为学习应随"时气"变化学不同的内容:"春夏是阳,阳体清轻;诗乐是声,声亦清轻",所以清轻的春夏适合学清轻的诗乐;"秋冬是阴,阴体重浊;书礼是事,事亦重浊",所以重浊的秋冬适合学重浊的书礼。

"日中"是指一天之中的时辰。皇侃认为学习应区分不同的时节,如根据不同的年龄、不同的季节、不同的时辰,学不同的内容。

③ **习**:温习,复习。朱熹在《论语集注》中,根据《说文解字》把"习"解释为"习,鸟数飞也。学之不已,如鸟数飞也。"学习就像鸟练习飞翔一样,要不停地温习。

④ **说**:同"悦",快乐,愉悦。

⑤ **有朋**:有朋友、有志同道合的人。"朋"在古注中一般有两种解释。一是同门弟子,郑玄把"朋"解释为同门,"同门曰朋,同志曰友。"二是朋友,班固在《白虎通义》中引这句话时,用的是"朋友自远方来";唐陆德明认为"有"同"友"。程树德考证认为,《鲁论语》是"有朋自远方来",《齐论语》《古论语》是"朋友自远方来"。从何晏的《论语义疏》开始,才定为"有朋自远方来"。

⑥ **愠(yùn)**:怨恨,恼怒。

⑦ **君子**:才德出众的人。班固《白虎通义》:"或称君子何?道德之称也。"朱熹《论语集注》:"君子,成德之名"。班固、朱熹都把君子解释为有道德的人。

【译文】

孔子说:"学习,又时常复习,不也是愉悦的吗?有志同道合的人从远方来,不也是快乐的吗?别人不了解自己,但自己并不怨恨,不也是君子吗?"

1.2 有子①曰:"其为人也孝②弟③而好犯④上⑤者,鲜矣;不好犯上而好作乱者,未之有也。君子务本,本立而道生。孝弟也者,其为仁之本与⑥!"

【注释】

① **有子**:名若,字子有,孔子弟子。鲁国人。《孔子家语·七十二弟子解》说他"少孔子三十六岁,为人强识,好古道也"。司马迁《史记·仲尼弟子列传》曾记载:孔子去世后,孔门弟子因有若长得像孔子,"弟子相与共立为师,师之如夫子时也",把有若当成孔子侍奉。但他后来因为回答不上来弟子们的问题而被斥退。柳宗元认为因为有过这样的事情,所以有若被称为有子。

② **孝**:孝顺,尽心奉养父母。
③ **弟**:同"悌",敬爱兄长。
④ **犯**:抵触,冒犯。
⑤ **上**:尊长,身处上位的人。
⑥ **与**:同"欤",置于句末,表疑问、反诘等语气,相当于"吗""吧"。

【译义】

有子说:"孝顺父母、敬爱兄长却喜欢冒犯尊长的人是很少的;不喜欢冒犯尊长却喜欢作乱造反的人是没有的。君子把精力用在根本的事情上,根本的事情建立了,道也就产生了。孝顺父母、敬爱兄长,这就是仁的根本吧!"

1.3 子曰:"巧言①令色②,鲜矣仁。"

【注释】

① 巧言:巧,在形容语言时,特指虚伪不实。巧言指虚伪的言辞。
② 令色:令,美善、和悦;色,表情、神色。令色指谄媚的表情。

【译义】

　　孔子说:"虚伪的言辞、谄媚的表情,这样的人,是很少具备仁德的。"

1.4 曾子①曰:"吾日三②省吾身③:为人谋而不忠④乎? 与朋友交而不信⑤乎? 传⑥不习乎?"

【注释】

① 曾子:名参,字子舆。鲁国南武城人。《孔子家语·七十二弟子解》说他"少孔子四十六岁,志存孝道"。曾子16岁时拜孔子为师,27岁时孔子去世。孔子去世前

把孙子子思托付给他。孔子去世后,"曾参若父丧而无服,守孔子墓。"38岁时设教于武城,60岁时与子夏等人设教于西河一带。71岁时病逝于鲁国。唐朝太极元年(712年),曾子从祀孔庙。元朝至顺元年(1330年),被封为"郕国宗圣公",这是曾子封圣的开始。曾子成为宗圣后,在孔门中地位仅次于复圣颜回。在唐宋道统兴起后,曾子作为上承孔子、下启思孟的关键人物,受到了重视。曾子的著作今已佚,他和他的弟子参与编撰了《论语》。曾子的父亲曾皙也是孔子的弟子,在《论语·先进篇》中有他的故事。

② 三:屡次,多次,长久。阮元《研经室集·数说》认为,古人简策繁重,知识以口耳相传为多。以数记言是为了百官万民诵记方便。《论语》中以数记言的有一言、三省、三友、三勒、三戒、三畏、三愆、三疾、三变、四教、绝四、四恶、五美、六言、六蔽、九思等。阮元认为这是古人"口授耳受心记之古法"。《说文解字》中三代表的是天、地、人之道,所以宦懋庸在《论语稽》中认为,三是阴阳交错变化的最高境界,表达屡次、多次、长久的意思时就经常用三表示。如"颜子三月不违""南容三复""季文子三思""太伯三让""柳下三黜""子文三仕三已""三年无改于父之道""三人行必有我师焉""三嗅而作""三年学""三月不知肉味"等。

③ 身:自己。

④ 忠:尽心。段玉裁《说文解字注》:"尽心曰忠。"朱熹《论语集注》:"尽己之谓忠。"

⑤ 信：守信。段玉裁《说文解字注》："信，诚也。"朱熹《论语集注》："以实之谓信。"李零解释"信"为恪守诺言。
⑥ 传：传授，此处指老师传授的知识。

【译义】
　　曾子说："我每天多次反省自己：替别人办事尽心了没有？与朋友交往守信了没有？老师讲授的知识温习了没有？"

1.5　子曰："道①千乘②之国，敬③事而信，节用而爱人④，使民⑤以时⑥。"

【注释】
① 道：同"导"，带领、指引，此处引申为治理。
② 乘（shèng）：一乘是四马一车和100名士兵。车上三人，中间是驾驶者，左边是弓箭手，右边是执长矛者，车后有72名士兵，士兵后是25名后勤。朱熹《论语集注》认为千乘是指诸侯之国，因为诸侯之国可以出兵车千乘。
③ 敬：慎重，谨慎，恭敬。
④ 人⑤民：人、民众。"人"和"民"一般有两种解释：一是刘逢禄《论语述何》认为人指天子、上大夫等贵族阶级，民就是普通民众，刘宝楠《论语正义》也持相

同见解；二是赵纪彬在《论语新探·释人民》中认为人指统治阶级，民是被统治阶级。

⑥ 时：农时、时令。

【译义】

孔子说："治理有千乘兵车的国家，要谨慎处事并且守信，要节省费用并且爱护百姓，要按照时令役使民众。"

1.6 子曰："弟子①入则孝，出则弟，谨②而信，泛爱众③而亲仁。行④有余力，则以学文⑤。"

【注释】

① 弟子：乡里的子弟或学生。雷次宗认为师生之间，学生虽然无须为老师服丧，但有父兄之恩，所以称为弟子。
② 谨：寡言。
③ 众：众人。
④ 行：做，践行，躬行。
⑤ 文：文化知识。古注有两种解释：一是郑玄认为文指道艺；二是朱熹《论语集注》认为文指诗书六艺。

【译义】

孔子说："学生在家孝敬父母，出门敬重兄长，寡言守信，爱众人并且亲近有仁德的人。这样做还有余力的话，就学习诗书六艺等文化知识。"

1.7 子夏^①曰："贤贤易色^②；事父母，能竭其力；事君，能致^③其身；与朋友交，言而有信。虽曰未学，吾必谓之学矣。"

【注释】

① 子夏：卜商，字子夏。卫国人。《孔子家语·七十二弟子解》记载，卫国人都把子夏当作圣人。子夏小孔子44岁，家贫、好学，约公元前483年，到鲁国拜孔子为师。长于文学，属四科中的文学科。曾为"莒父宰"。提出过"仕而优则学，学而优则仕"的思想，还主张做官要先取信于民，然后才能使其效劳。孔子去世3年后，即公元前476年，子夏到魏国西河设教，开创了西河学派，培养了大批人才。李悝、吴起都是他的弟子，魏文侯尊他为师。子夏的西河学派是早期法家源头之一。子夏及其弟子也参与编撰了《论语》。

② 贤贤易色：敬重德行而不看重容貌。第一个"贤"是动词，敬重之义，第二个"贤"是名词，指有道德、有才能的人。段玉裁《说文解字注》中认为，贤的本义是多财，后来引申为只要是多就称为贤。贤能一词出现后，多财的本义就逐渐废弃了。"易"在古注有三义：一代替，二改易，三轻视。本注采用的是轻视、不看

重义。刘宝楠引宋翔凤语,认为此句谈的夫妇关系。

③ 致:奉献。

【译义】

子夏说:"敬重德行而不看重容貌,侍奉父母能竭尽全力,侍奉君主能献出生命,与朋友交往言而有信。这样的人,虽说没有专门学习过,我一定说他是学习过了。"

1.8 子曰:"君子不重①则不威②;学则不固③;主④忠信,无⑤友不如己者;过则勿惮改。"

【注释】

① 重:持重,庄重。陆陇其《松阳讲义》:"重即整齐严肃之意。"
② 威:威严,威仪。
③ 固:闭塞。何晏《论语集解》引孔安国注:"固,蔽也。"
④ 主:亲近。何晏《论语集解》引郑玄注:"主,亲也。"
⑤ 无:同"毋",不要。朱熹《论语集注》:"无,毋通,禁止辞也。友所以辅仁,不如己则无益而有损。"

【译义】

孔子说:"君子不庄重就没有威严;学习了就不闭塞;

亲近忠信之人，不要同不如自己的人交朋友；有了过错就不怕改正。"

1.9 曾子曰："慎终①追②远③，民德归④厚⑤矣。"

【注释】

① 终：人死亡。何晏《论语集解》引郑玄注："老死曰终。"《礼记·檀弓》："君子曰终，小人曰死。"
② 追：缅怀，追念，此处指祭祀。
③ 远：祖先。朱熹《论语集注》中认为追远的目的是"祭尽其诚"。
④ 归：趋向。
⑤ 厚：淳朴敦厚。

【译文】

曾子说："慎重办理父母的丧事、虔诚地祭祀祖先，这样民众的德行就趋向于淳厚了。"

1.10 子禽①问于子贡②曰："夫子至于是邦也，必闻③其政。求④之与，抑⑤与⑥之与？"子贡曰："夫子温、良、恭、俭、让以得之。夫子求之也，其诸⑦异乎人之求之与？"

【注释】

① **子禽**：陈亢，字子禽。陈国人。小孔子40岁。子禽在《论语》中出现3次。《史记·仲尼弟子列传》把陈亢附在子贡之下，有人怀疑陈亢是子贡的学生。

② **子贡**：复姓端木，名赐，字子贡，或称子赣。卫国人。比孔子小31岁。子贡善于雄辩，办事通达，属孔门四科中的言语科。他曾出任鲁国、卫国两国相国，还在曹国、鲁国两国经过商，富致千金，司马迁曾在《史记·货殖列传》中记载过子贡经商的事迹。孔子去世后，众弟子为其服丧3年，只有子贡为孔子庐墓6年，庐墓由此成了后世孝子守孝的重要表征之一。子贡在孔门弟子中威望很高，在孔子生前和身后，他都极力维护、赞美孔子，孔子的成圣有子贡很大的贡献。

③ **闻**：听到，了解，知悉。

④ **求**：动词，找寻，探索，设法得到，此处引申为打听。

⑤ **抑**：连词，或是，还是，表示选择。

⑥ **与**：给予，告诉。

⑦ **其诸**：恐怕。

【译义】

子禽问子贡道："老师到了一个国家，一定会知悉该国的政事。这是老师打听来的呢，还是别人告诉他的呢？"子贡说："老师是通过温和、善良、恭敬、节俭和谦让的美德知悉的。老师即使去打听，恐怕也与别人的方式不一样吧？"

1.11 子曰:"父在,观①其志;父没②,观其行;三年③无改于父之道④,可谓孝矣。"

【注释】
① 观:察看。
② 没:同"殁",去世。
③ 三年:服丧三年,依据周礼,父亲去世后,儿子要服丧三年。
④ 道:做法、处世原则。

【译文】
孔子说:"当他父亲在世时,察看他的志向;当他父亲去世后,察看他的行为。如果他三年没有改变他父亲的处世原则,这可以称得上孝了。"

1.12 有子曰:"礼之用①,和②为贵③;先王④之道,斯⑤为美,小大由之⑥。有所不行,知和而和⑦,不以礼节⑧之,亦不可行也。"

【注释】
① 用:功用。
② 和:恰到好处。
③ 贵:可贵。

④ 先王：古代君王。

⑤ 斯：代词，指人、事物、处所等，相当于"这""这样""这里"等。

⑥ 小大由之：由，遵循。"小大由之"指的是大小事情都遵循着它。

⑦ 知和而和：为了恰到好处而恰到好处。

⑧ 节：约束，节制。

【译义】

　　有子说："礼的功用，以恰到好处为可贵；古代君王的治国方法，好就好在这里，大小事情都遵循着它。如果有行不通的地方，那是因为为了恰到好处而恰到好处，如果不用礼来约束它的话，也是行不通的。"

1.13 有子曰："信① 近于义②，言可复③ 也。恭④ 近于礼，远⑤ 耻辱也。因⑥ 不失其亲，亦可宗⑦ 也。"

【注释】

① 近：接近，符合。

② 义：繁体字是義，结构是上"羊"下"我"。"羊"代表祭牲，指代祭祀；"我"是兵器，指代战争。《左传》："国之大事，在祀在戎。"祭祀和战争是古代国家最重

要的事情。因此，义的本义是合宜的道德、行为或道理。

③ **复**：同"覆"，践行，兑现。何晏《论语集解》引郑玄注："复，覆也。言语之信可反覆。"

④ **恭**：谦恭，恭敬。

⑤ **远**：远离，避免。

⑥ **因**：依靠。朱熹《论语集注》："因，犹依也。"

⑦ **宗**：可靠。朱熹《论语集注》："宗，犹主也。"

【译义】

有子说："守信要符合义，说的话才能践行。恭敬要符合礼，这样才可以避免耻辱。所依靠的是自己亲族里的人，才是靠得住的。"

1.14 子曰："君子食无求饱，居无求安①；敏②于事而慎于言；就③有道而正④焉，可谓好学也已。"

【注释】

① **安**：平稳、安全、舒适的状况或环境。

② **敏**：勤奋，勤快。

③ **就**：凑近，靠近，引申为亲近。

④ **正**：修正，匡正。

【译义】

　　孔子说:"君子饮食不追求饱,居住不追求舒适;做事勤快而说话谨慎;亲近有道德的人来匡正自己,这样可以称之为好学了。"

1.15　子贡曰:"贫而无谄①,富而无骄,何如?"子曰:"可也。未若贫而乐,富而好礼者也。"子贡曰:"《诗》云:'如切如磋,如琢如磨②',其斯之谓与?"子曰:"赐也,始可与言《诗》已矣,告诸往而知来者③。"

【注释】

① 谄:谄媚。
② 如切如磋,如琢如磨:切,把骨头做成各种形状;磋,把象牙做成各种形状;琢,雕刻玉石;磨,磨光。子贡引这句诗是想说明道德修养也像处理骨头、象牙、玉石一样,需要经过长期的、精细的打磨。
③ 告诸往而知来者:告诉过去的事情,就可以知未来的事情。这是孔子赞扬子贡根据孔子说的话就能领会到他还没有说的内容。

【译义】

　　子贡说:"贫困但不谄媚,富有但不骄傲,怎么样?"

孔子说:"可以。但不如贫困而快乐,富有而好礼。"子贡说:"《诗》上说'要像对待骨头、象牙、玉石一样,切磋它,琢磨它',说的就是这个意思吧?"孔子说:"赐呀,可以和你谈论《诗》了,因为告诉你一件事情,你就能领会到更多的内容。"

1.16 子曰:"不患①人之不己知,患不知人也。"

【注释】

① 患:忧虑,担心。

【译义】

孔子说:"不担心别人不了解自己,只担心自己不了解别人。"

为政第二

2.1 子曰:"为政①以②德,譬如北辰③,居其所,而众星共④之。"

【注释】
① 为政:施政,治理国家。
② 以:用,拿,把。
③ 北辰:北极星。朱熹《论语集注》:"北辰,北极,天子枢也。"
④ 共:同拱,环绕。

【译义】
孔子说:"国君用道德教化来治理国家,就会像北极星一样,只需要待在自己的位置上,众星都会环绕着它。"

2.2 子曰:"《诗》①三百,一言以蔽②之,曰:'思无邪③。'"

【注释】
①《诗》:即《诗经》。《诗经》是中国最早的一部诗歌总集,分为《风》《雅》《颂》三大类,现存305篇,所以常称"诗三百"。《诗经》战国时已是六经之一,汉时被立为五经博士之一。孔子非常重视《诗经》的价值,认为《诗经》可以"兴观群怨""思无邪",人的修

养"兴于《诗》","不学《诗》无以言",诗教是孔子教育的重要内容,孔子日常话语中经常引用《诗经》的内容。《史记·孔子世家》记载了孔子对《诗经》的删定过程:"古者《诗》三千余篇,及至孔子,去其重,取可施于礼义。上采契、后稷,中述殷周之盛,至幽厉之缺……三百五篇孔子皆弦歌之,以求合《韶》《武》《雅》《颂》之音。礼乐自此可得而述,以备王道,成六艺。"

② 蔽:概括,总括。

③ 思无邪:思想没有邪念。

【译文】

孔子说:"《诗》三百篇,用一句话来概括,就是思想没有邪念。"

2.3 子曰:"道①之以政②,齐③之以刑④,民免⑤而无耻;道之以德,齐之以礼,有耻且格⑥。"

【注释】

① 道:同"导",治理,引导。

② 政:政令。

③ 齐:约束。

④ 刑：刑罚。
⑤ 免：避免犯罪。何晏《论语集解》引孔安国注："免，苟免罪也。"
⑥ 格：至，来，引申为亲近、归服、向往。古注一般有两种解释：一取"来"义，朱熹《论语集注》："格，至也。言躬行以率之，则民固有所观感而兴起矣。"二取"纠正"义，何晏《论语集解》："格，正也。"

【译义】
孔子说："用政令来治理，用刑罚来约束，民众虽暂时避免了犯罪但没有羞耻之心；用道德来治理，用礼来约束，民众有羞耻之心并且会人心归服。"

 2.4 子曰："吾十有①五而志②于学，三十而立③，四十而不惑④，五十而知天命⑤，六十而耳顺⑥，七十而从心所欲，不逾矩⑦。"

【注释】
① 有：同"又"，连接整数和零数，表示整数之外再加零数。
② 志：立志。朱熹《论语集注》："心之所之谓之志。"
③ 立：立身行事。
④ 惑：迷惑。

⑤ **天命**：上天的意志。朱熹《论语集注》："天命即天道之流行而赋于物者，乃事物所以当然之故也。知此则知极其精，而不惑又不足言矣。"

⑥ **耳顺**：听得进各种不同意见。

⑦ **矩**：规矩，法度，法则、常规。

【译义】

孔子说："我十五岁立志向学，三十岁立身行事合乎礼，四十岁不迷惑，五十岁通晓天命，六十岁听得进各种不同意见，七十岁从心所欲而不逾越法度。"

2.5　孟懿子^①问孝。子曰："无违^②。"樊迟^③御^④，子告之曰："孟孙问孝于我，我对曰'无违'。"樊迟曰："何谓也？"子曰："生，事^⑤之以礼；死，葬之以礼，祭之以礼。"

【注释】

① **孟懿子**：姬姓，本姓仲孙，名何忌。孟是氏，谥号懿，子是尊称，孟懿子是其去世后的称呼。孟懿子家族是掌管鲁国大权的三桓之一。孔子34岁时，孟懿子的父亲孟僖子去世。去世前，孟僖子说孔子是圣人之后，要孟懿子和南宫敬叔拜孔子为师，孟懿子当时只有13岁。

② **无违**：不违背礼。也有的注认为是不违背父母的话，但如果根据上下文来看，孔子后面的话就是在解释无违是什么，孔子说的无违就是不违背行孝时应遵守的礼。

③ **樊迟**：樊须，字子迟，鲁国人。比孔子小36岁。《孔子家语·七十二弟子解》记载他"弱仕于季氏"，他曾向孔子请教如何种庄稼，受到孔子的批评。

④ **御**：驾车。

⑤ **事**：侍奉、服侍。

【译义】

孟懿子请教什么是孝。孔子说："不违背礼。"樊迟为孔子驾车，孔子告诉他说："孟孙问我什么是孝，我回答说'不违背礼'"。樊迟问："这是什么意思呢？"孔子说："父母在世时，依礼服侍；父母去世后，依礼安葬，依礼祭祀。"

2.6 孟武伯^①问孝。子曰："父母，唯^②其疾之忧。"

【注释】

① **孟武伯**：孟懿子的儿子。姬姓，本姓仲孙，名彘，世称仲孙彘。孟是氏，谥号武，伯是行辈字。"食言而肥"

的成语来源于鲁哀公讽刺孟武伯经常说话不算话。
② 唯：助词，表肯定。

【译文】
　　孟武伯请教什么是孝。孔子说："对父母，要特别为他们的健康担忧。"

2.7　子游①问孝。子曰："今之孝者，是谓能养②。至于犬马，皆能有养。不敬，何以别乎③？"

【注释】
① 子游：言偃，字子游。吴国人。是孔子弟子中唯一的南方人。孔门十哲之一，擅长文学。小孔子45岁。子游从孔子处卒业后，做了"武城宰"，以礼乐教化士民，故境内到处可闻弦歌之声。"杀鸡焉用牛刀"这个成语源于子游在武城做官时，孔子的一次到访。子游南归后，道启东南，被誉为"南方夫子"。
② 养：奉养，养活，侍候，晚辈供养长辈。朱熹《论语集注》："养，谓饮食供奉也。"
③ 何以别乎：倒装句，以何别乎，"拿什么区别呢"之义。

【译义】

子游请教什么是孝。孔子说:"现在的孝,是说能奉养父母就行了。对于狗马,都能饲养。如果对父母不恭敬,那奉养父母和饲养狗马有什么区别呢?"

2.8 子夏问孝。子曰:"色难①。有事,弟子服②其劳;有酒食,先生③馔④,曾⑤是以为孝乎?"

【注释】

① 色难:色,表情,脸色,引申为和颜悦色。色难说的是对父母和颜悦色很难。
② 服:从事,担任,承担。
③ 先生:长者。
④ 馔:吃喝,享用。
⑤ 曾(céng):乃,难道。

【译义】

子夏请教什么是孝。孔子说:"对父母和颜悦色很难。而有事情,子女去操劳;有酒食,长者享用,难道能认为这就是孝吗?"

2.9 子曰:"吾与回①言终日②,不违③,如愚。退④而省⑤其私⑥,亦足⑦以发⑧,回也不愚。"

【注释】

① 回:颜回,字子渊,也称颜子、颜渊。鲁国人。小孔子30岁。颜回居陋巷,安贫乐道,聪明好学,深得孔子欣赏,孔子曾称他"贤哉!回也"。《孔子家语·七十二弟子解》说他"年二十九而发白,三十一早死(据考证,颜回去世时41岁)"。对颜回的"不幸短命死矣",孔子非常惋惜,他说从此后就再没有见过好学的人。《论语》有连续4章记载了颜回去世后的事情。明嘉靖九年(1530年),颜回被封为复圣。颜回的父亲颜无繇也是孔子的弟子。

② 终日:一整天。
③ 不违:没有相反意见,不反驳。
④ 退:离开,回去。
⑤ 省:考察,观察,检讨,审查。
⑥ 私:私下的言行举止。
⑦ 足:满足,能够。
⑧ 发:发挥。

【译义】

孔子说:"我和颜回谈一天的话,他从来不提反对意见,像个愚笨的人。他回去后,我观察他私下的言行,他对我的话能有所发挥,颜回不愚笨。"

2.10 子曰:"视①其所以②,观③其所由④,察⑤其所安⑥。人焉廋⑦哉?人焉廋哉?"

【注释】
① 视:看。
② 以:仰赖,凭借,引申为动机。
③ 观:观察。
④ 由:经过,引申为走过的道路。
⑤ 察:了解。
⑥ 安:安心于。
⑦ 廋(sōu):藏匿、隐瞒的意思。

【译义】
孔子说:"看他言行的动机,观察他所走的道路,了解他安心于什么。这人还能隐瞒什么呢?这人还能隐瞒什么呢?"

2.11 子曰:"温①故而②知新,可以为师矣。"

【注释】
① 温:温习。朱熹《论语集注》:"温,寻也。"
② 而:连词,并且。

【译义】

　　孔子说:"温习旧知识并且了解新知识,这样的人可以做老师了。"

2.12 子曰:"君子不器①。"

【注释】

① 器:器具,工具,是仅有特定用途、不可相通的某种工具。朱熹《四书章句集注》:"器者,各适其用而不能相通。成德之士,体无不具,故用无不周,非特为一才一艺而已。"

【译义】

　　孔子说:"君子不要像器具一样,仅有特定的用途。"

2.13 子贡问君子。子曰:"先行①其言,而后从②之。"

【注释】

① 行:行动,实践。
② 从:跟随,随后,此处引申为紧跟。

【译义】

　　子贡请教什么是君子。孔子说:"先实践了自己想要说的话,然后再把话说出来。"

2.14 子曰:"君子周①而不比②,小人比而不周。"

【注释】

① 周:普遍,引申为合群、团结。朱熹《论语集注》:"周,普遍也。"
② 比:比附,依附,引申为勾结。戚学标《论语偶谈》:"《周礼》:五家为比。比人少而党多。比为两相依附,如邻之亲密。"

【译义】

　　孔子说:"君子团结而不勾结,小人勾结而不团结。"

2.15 子曰:"学而不思则罔①,思而不学则殆②。"

【注释】

① 罔:迷惘。
② 殆:疑惑、精神疲倦无所得。王念孙《读书杂志》:"此殆字非危殆之殆,殆亦疑也。"

【译义】

孔子说:"只学习而不思考就会迷惘,只思考而不学习就会有疑惑。"

2.16 子曰:"攻①乎异端②,斯害也已③。"

【注释】

① 攻:钻研。
② 异端:异端邪说。由本位角度指称其他不同的学说、流派;和传统道德思想,尤指和儒家思想相违背的邪说。东晋范宁认为异端就是"非圣人之道",清代钱坫《论语后录》认为异端就是小道,小道即技艺,追求小道会丢失大道。
③ 也已:语气助词,表感叹。

【译义】

孔子说:"钻研异端邪说,这是有害的。"

2.17 子曰:"由①!诲②女③知之④乎⑤!知之为知之,不知为不知,是知⑥也。"

【注释】

① 由:仲由,字子路,或称季路。鲁国卞人。比孔子小9

岁,是随侍孔子时间最长的弟子。《孔子家语·七十二弟子解》说他"有勇力才艺"。《史记·仲尼弟子列传》记载:"子路性鄙,好勇力,志伉直,冠雄鸡,佩豭豚,陵暴孔子。孔子设礼稍诱子路,子路后儒服,委质,因门人请为弟子。"性格粗鄙、直爽、好勇斗狠的子路最后终于穿儒服入孔子门。《论语》中记载过他多次顶撞孔子的事情,孔子虽然经常批评他,但也比较喜欢子路。当子路在卫国内乱中"结缨而死",被砍成了肉酱,死讯传到孔子那儿时,孔子立即把自己桌上的肉酱倒掉,不忍再吃了。子路以政事知名,曾做过"季氏宰",在四科中属政事科。子路还是大孝子,《二十四孝》中有他"负米养亲"的故事。

② 诲:动词,教导,劝导。
③ 女:同"汝",你。
④ 之:助词,用于强调或补足语气,无义。
⑤ 乎:助词,用于句尾,表示疑问的语气,相当于"吗""吧"。
⑥ 知:同"智",智慧。

【译义】

孔子说:"仲由!我教导你的话,你明白了吗!明白就是明白,不明白就是不明白,这就是智慧。"

2.18 子张①学干禄②。子曰:"多闻阙疑③,慎言其余,则寡尤④;多见阙殆⑤,慎行其余,则寡悔。言寡尤，行寡悔，禄在其中矣。"

【注释】

① 子张：姓颛孙，名师，字子张。陈国阳城人。子张虽然"学干禄"，但并没有真正从政。孔子去世后聚徒讲学，是"儒分为八"中"子张之儒"的创始人，该派是孔子去世后，孔门最大的一派。孔子认为子张的志向过高。唐玄宗尊之为"陈伯"，宋真宗加封其为"宛丘公"，宋徽宗尊其为"颖川侯"，宋度宗又尊其为"陈国公"。明嘉靖九年（1530年）被称为"先贤仲子"。

② 干禄：干，谋求，追求；禄，古代官员的俸禄。干禄是指谋求仕禄。

③ 阙疑：阙，搁置。阙疑指搁置疑问。

④ 尤：过失，错误。

⑤ 阙殆：搁置困惑。

【译文】

子张向孔子学如何谋求仕禄。孔子说："多听，搁置疑问，谨慎地说出没有疑问的，就会少犯错误。多看，搁置困惑，谨慎地做没有困惑的，就会少懊悔。说话少过失，做事少懊悔，仕禄就在其中了。"

2.19 哀公①问曰："何为则民服？"孔子对曰：

"举直错诸枉②，则民服；举枉错诸直，则民不服。"

【注释】

① **哀公**：鲁哀公，姬姓，名将，鲁国第26任国君，在位27年。孔子周游列国回归鲁国时，鲁哀公经常向孔子问政。执政第16年，孔子去世，鲁哀公亲往致祭。《左传·哀公十六年》载有鲁哀公的《孔子诔》。鲁哀公在位时，朝政被季孙、孟孙、叔孙三家把持，鲁哀公也曾试图恢复权力，但最终失败，流落异国，客死他乡。

② **举直错诸枉**：选用正直的人，罢黜邪恶的人。此句一般有两种解释，一是如本注，何晏《论语集解》引包咸注："举用正直之人，废置邪枉之人"；二是举用正直的人，放在邪恶的人之上，如王应麟《困学纪闻》引孙季和云："举直而加之枉上，则民服"，刘逢禄、刘宝楠、程树德持此义。

【译义】

哀公请教孔子说："做什么民众才会服从？"孔子回答说："选用正直的人，罢黜邪恶的人，民众就会服从；选用邪恶的人，罢黜正直的人，民众就不会服从。"

2.20 季康子①问："使民敬、忠以②劝③，如之何?"子曰:"临之以④庄,则敬;孝慈⑤,则忠;举善而教不能,则劝。"

【注释】

① **季康子**:即季孙肥,姬姓,季氏,名肥。谥号康,史称"季康子"。在把持鲁国朝政的三桓中,以季氏最强大。公元前484年,在自己的宰臣、孔子的弟子冉有的建议下,季康子迎周游列国的孔子回鲁国,并经常向孔子问政。

② **以**:文言连词,与"而"用法相同,表并列,并且之义。

③ **劝**:勉,勤勉。

④ **以**:用。

⑤ **孝慈**:孝顺父母,慈爱民众。何晏《论语集解》引包咸注:"君能上孝于亲,下慈于民,则民忠矣。"

【译义】

季康子请教说:"让民众恭敬、忠诚、勤勉,怎样才能做到?"孔子说:"您用庄重的态度对待他们,民众就会恭敬;您孝顺父母、慈爱民众,民众就会忠诚;您提拔好人、教化才能低下的人,民众就会勤勉。"

2.21 或谓孔子曰:"子奚① 不为政?"子曰:

"《书》云：'孝乎惟②孝，友③于兄弟，施④于有政。'是亦为政，奚其为⑤为政？"

【注释】

① 奚：为何，为什么，表示疑问的语气。
② 惟：就是。
③ 友：友爱。
④ 施：延及、影响。
⑤ 奚其为：还怎么做才算是？

【译义】

　　有人对孔子说："你为何不从政呢？"孔子说："《尚书》上说：'孝就是孝敬父母，友爱兄弟，孝会影响到政治。'这也就是从政，还怎么做才算是从政呢？"

2.22 子曰："人而无信，不知其可也。大车无輗①，小车无軏②，其何以行之③哉？"

【注释】

① 輗（ní）：古代车上置于辕前端与车横木衔接处的销钉，大车的叫輗。
② 軏（yuè）：古代车上置于辕前端与车横木衔接处的销

钉，小车的叫轫。輗和轫是车的关键零件，没有它们，车就不能走了。

③ 之：助词，用于强调或补足语气，无义。

【译义】

孔子说："做人不讲信用，不知道那怎么可以。就像大车上没有輗，小车上没有轫一样，它们靠什么行走呢？"

2.23 子张问："十世^①可知也？"子曰："殷因^②于夏礼，所损益^③可知也；周因于殷礼，所损益可知也；其或^④继周者，虽百世，可知也。"

【注释】

① 世：代，朝代。
② 因：沿袭。
③ 损益：减增。
④ 或：有的。

【译义】

子张问："十代以后的事情可以知道吗？"孔子说："商代沿袭了夏代的礼仪制度，它的增减是可以知道的；周代沿袭了商代的礼仪制度，它的增减是可以知道的；如果有朝代沿袭了周代，就算是传一百代，礼仪制度的增减也是可以知道的。"

2.24 子曰："非其鬼①而祭之，谄②也。见义③不为，无勇也。"

【注释】

① 鬼：祖先和神祇。毛奇龄《论语稽求篇》："鬼是人鬼，谓人之为鬼者，专指祖考言，故又曰其鬼。"《祭法》也说"人死曰鬼"。
② 谄：谄媚。
③ 义：同"宜"，该做的事情。

【译义】

孔子说："不是自己应当祭祀的鬼神而去祭祀，是谄媚。遇见该做的事情而没有去做，这是没有勇气。"

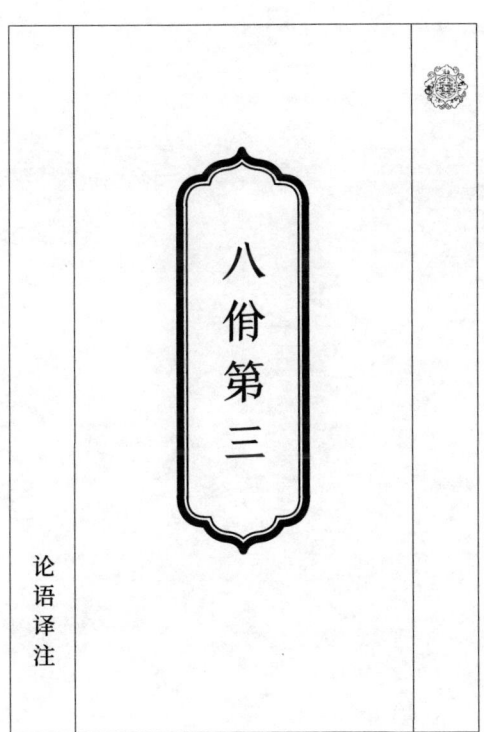

八佾第三

论语译注

3.1 孔子谓①季氏②："八佾③舞于庭④，是可忍也，孰不可忍也？"

【注释】

① 谓：谈到，谈论。黄侃《论语义疏》："谓者，评论之辞也。夫相评论有对面而言，有遥相称评。若此后子谓冉有曰：'汝不能救与'，则是对面也。今此所言是遥相评也。"

② 季氏：季平子，鲁国三桓家族中的季孙氏，名意如，谥号平。公元前519年掌握了鲁国大权，并打败了想剪灭三桓的鲁昭公，鲁昭公逃亡到齐国，最终客死晋国。季平子掌握鲁国政权31年。

③ 佾（yì）：乐舞，8人为一佾，八佾是64人。朱熹《论语集注》："佾，舞列也。天子八，诸侯六，大夫四，士二。季氏是大夫，用八佾就是僭越。"

④ 庭：庭院，堂下的院子。舞在院子里表演，人在堂上看。

【译义】

孔子谈到季氏时，说："八佾舞在他的庭院中表演，这样的事情能容忍的话，还有什么事情不能容忍呢？"

3.2 三家①者以《雍》②彻③。子曰："'相④维辟公⑤，天子穆穆⑥'，奚取于三家之堂⑦？"

【注释】

① 三家：即鲁国三桓，是长期掌握鲁国大权的三个大家族，他们分别是孟孙氏、叔孙氏、季孙氏，因为他们都是鲁桓公的后代，所以称三桓。
② 雍：《诗经·周颂》中的一首，天子祭祀宗庙结束后，撤去祭品时唱这首诗。
③ 彻：同"撤"，撤祭。朱熹《论语集注》："彻，祭毕而收其俎也。天子宗庙之祭，则歌《雍》以彻。"
④ 相：助祭。
⑤ 辟公：诸侯。
⑥ 穆穆：严肃静穆。
⑦ 堂：庙堂，接客祭祖的地方。

【译义】

孟孙、叔孙、季孙三家唱着《雍》撤祭。孔子说："《雍》上说：'助祭的是诸侯，天子严肃静穆地在那里主祭。'这样的礼仪为何用在三家的堂上呢？"

3.3 子曰："人而不仁，如礼何①？人而不仁，如乐何？"

【注释】

① 如礼何：即"奈何礼"，拿礼怎么办、如何去践行礼。

如乐何与此句结构相同,是如何践行乐的意思。

【译义】

　　孔子说:"一个人如果没有仁德,如何去践行礼呢?一个人如果没有仁德,如何去践行乐呢?"

3.4　林放①问礼之本。子曰:"大②哉问! 礼,与其奢也,宁俭;丧③,与其易④也,宁戚⑤。"

【注释】

① 林放:字子丘,可能是孔子的弟子,也可能是季氏家掌礼的人。鲁国人。曾做过齐国于陵大夫。《孔子家语·七十二弟子解》和《史记·仲尼弟子列传》中,孔子弟子中都没有林放的名字,只有《蜀礼殿图》有林放的名字。清代孔继汾《阙里文献考》记载:"林放字子丘,或曰孔子门人。"

② 大:意义重大。
③ 丧:丧礼。
④ 易:整治,引申为丧礼仪节办得周全。
⑤ 戚:哀戚。

【译义】

　　林放请教礼的本质。孔子说:"你的问题意义重大呀!

一般的礼，与其奢侈，不如简朴；丧礼，与其仪节周全，不如心里真正哀戚。"

3.5 子曰："夷狄①之有君，不如诸夏②之亡③也。"

【注释】

① 夷狄：夷，中国古代东部民族之一。殷商时约分布在山东、江苏一带，后泛称东方各族为"夷"；狄，中国古代北方的民族。因主要居住在北方，故通称为"北狄"，秦汉以后成为中原对北方各民族的泛称。夷狄古称四境未开化的民族，或称为边地蛮族。《尔雅·释地》"九夷、八狄、七戎、六蛮谓之四海"，郭璞继后来解释为"九夷在东，八狄在北，七戎在西，六蛮在南"。

② 诸夏：中原诸国。
③ 亡：同"无"。

【译义】

孔子说："边地蛮族有君主，还不如中原诸国没有君主呢。"

3.6 季氏①旅②于泰山。子谓冉有③曰:"女④弗能救⑤与?"对⑥曰:"不能。"子曰:"呜呼!曾⑦谓泰山不若林放乎?"

【注释】

① 季氏:季康子。
② 旅:旅祭,祭山。古时只有天子和公侯才有资格旅祭,季康子旅祭泰山属于僭越。《礼记·王制》:"天子祭名山大川:五岳视三公,四渎视诸侯。诸侯祭名山大川之在其地者。"何晏《论语集解》引马融注:"旅,祭名也。《礼》,诸侯祭山川在其封内者。今陪臣祭泰山,非礼也。"
③ 冉有:名求,字子有,亦称冉求。鲁国人。《史记·仲尼弟子列传》记载他"少孔子二十九岁,为季氏宰"。他做"季氏宰"时,劝说季康子迎回了周游列国的孔子。孔子曾批评他为季氏聚敛财富。《孔子家语·七十二弟子解》说他"有才艺,以政事著名"。他因为长于政事,属于孔门四科中的政事科。

④ 女,同"汝",你。
⑤ 救:制止,阻止。
⑥ 对:回答,一般指回答地位高的人所提的问题或接续他们说的话。
⑦ 曾(céng):难道,竟然。

【译义】

　　季康子去祭祀泰山。孔子对冉有说:"你不能阻止吗?"冉有回答:"不能。"孔子说:"哎呀!难道说泰山之神还不如林放知礼吗?"

3.7 子曰:"君子无所争。必也射①乎!揖让②而升③,下④而饮。其争也君子。"

【注释】

① 射:射箭,古代的乡射礼。乡射礼既是礼仪活动,也是体育比赛,在古代社会非常受重视。据皇侃《论语义疏》载,古人生了男孩后,要在门的左边放桑木做的弓、蓬草做的箭,出生三天后,让人把孩子背出门,让他射箭,象征男儿志在四方。男孩长大后也可以凭借射箭做官。君主祭祀时选助祭的条件就是射箭。君主在射官面试应试者,如果应试者表现得体,就可以做君主的助祭,从此走上仕途。孔子非常重视乡射礼,射是孔子教授弟子的六艺之一,《孔子家语·观乡射》就记载了孔子对乡射礼的评论,及他与弟子在矍相圃射箭的故事。

② 揖让:打躬作揖,互相谦让。

③ 升:登堂。升、下、饮是射礼的三道程序。

④ 下:下堂。

【译义】

孔子说:"君子没有什么可争的。如果有,那一定是射箭比赛了！比赛时作揖登堂，比赛完作揖下堂，作揖饮酒。这样的争，是君子之争。"

3.8 子夏问曰："'巧笑倩兮，美目盼兮，素以为绚兮①。'何谓也②？"子曰："绘事后素③。"曰："礼后乎？"子曰："起予者商也，始可与言《诗》已矣。"

【注释】

① 巧笑倩兮，美目盼兮，素以为绚兮：倩，笑靥美好；盼，眼珠黑白分明。前两句见《诗经·卫风·硕人》，后一句不见于今本《诗经》。"巧笑倩兮，美目盼兮，素以为绚兮"的意思是：笑得真好看呀，美丽的眼睛真明亮呀，再加上素色的话就更美了。

② 何谓也：说的是什么意思呢。

③ 绘事后素：画完后，再上白色的底子。古代在纸发明前，没有白色的画布。所以，需要在画作完成后，最后加上白色的底子。白色的底子起到了画龙点睛的作用，是一幅画作的关键因素。礼可以节制五性，它对五性的作用，就像素对五色一样，都是关键因素。所以，绘事后素其实强调的是礼的核心作用。东汉郑玄是较早持这样看法的经学家，他说："绘，画文也。凡绘画先布众色，然后以素分布其间，以成其文。喻美

女虽有倩盼美质，亦须礼以成之。"清代凌廷堪也持这样的观点，他在《校礼堂文集》中说："盖人仁义礼智信五性，犹绘之有青黄赤白黑五色是也。礼居五性之一，犹素为白采，居五色之一也。五性必待礼而后有节，犹五色必待素而后成文，故曰礼后乎。"朱熹及很多今注认为绘画时，先上素底，再画五色，恐怕并不正确。

【译文】

子夏问道："'巧笑倩兮，美目盼兮，素以为绚兮'说的是什么意思呢？"孔子说："画完后，再上白色的底子。"子夏问："礼就像五色中的白色一样，在仁义礼智信中起核心作用吗？"孔子说："给我启发的是卜商你了，现在可以和你谈论《诗》了。"

3.9 子曰："夏礼吾能言之，杞不足征②也；殷礼吾能言之，宋不足征也。文献③不足故也，足则吾能征之矣。"

【注释】

① 杞：杞国。商汤灭了夏之后，分封夏的后人在杞地，建立杞国。杞国时存时亡，周初时曾再次给予杞国封号。公元前445年，杞国亡于楚国。杞国存在了约1000年。

② 征：同"证"，证明。

③ **文献**：文，典籍；献，贤人。朱熹《论语集注》："文，典籍也。献，贤也。"文献在这儿指的是典籍和熟知夏礼、殷礼的贤人。

【译文】

孔子说："夏礼，我能说出来，但杞国不足以证明夏礼了；殷礼，我能说出来，但宋国不足以证明殷礼了。这是由于杞宋两国的典籍和熟知夏礼、殷礼的贤人不足的原因，如果足够多的话，我就可以证明它们了。"

3.10 子曰："禘①自既②灌③而往者，吾不欲观之矣。"

【注释】

① **禘（dì）**：禘祭，古代帝王或诸侯在始祖庙里对祖先的一种盛大祭祀。据毛奇龄《论语稽求篇》，禘祭分三类，一是大禘，是王者祭祀祖先；二是吉禘，是奉死者神主入祭于宗庙；三是时禘，是每年夏季在宗庙举行的祭祀。周成王因为周公有功于周，特赐周公之后人可以用禘祭祭祀周公。鲁国国君是周公之后，所以鲁国一直实行禘祭。按周礼的规定，举行禘祭时，先向太祖亡灵献酒，献酒后，再祭祀其他祖先。此处孔子参加的禘祭，鲁僖公的神主排在了鲁闵公神主的前

面，孔子认为这违背了礼法，所以不想看下去。
② 既：动作已经完成。
③ 灌：灌礼。灌礼是举行禘祭之前的仪式，将泡有郁金草的鬯（chàng）酒献给尸（代表死者受祭的人）。尸由貌似先祖的子孙担任。尸把所献的鬯酒浇灌于地，借着芬芳的香气传达给先祖。然后再举行禘祭。

【译义】

　　孔子说："禘祭时，灌礼结束后，我就不想再看下去了。"

3.11　或问禘之说①。子曰："不知②也。知其说者之于天下也，其如示③诸④斯乎！"指其掌。

【注释】

① 说：理论，道理。
② 知：通晓。
③ 示：同"置"，摆、放之义。
④ 诸：介词，之于二字的合音，之是代词，于是介词。

【译义】

　　有人请教禘祭的道理。孔子说："不知道。通晓禘祭道理的人对于治理天下，会像把东西摆在这里一样容易吧！"孔子指着自己的手掌说。

3.12 祭如在①，祭神如神在。子曰："吾不与祭②，如不祭。"

【注释】
① 祭如在：祭祖就好像祖先真在面前。
② 吾不与（yù）祭：与，参与。"吾不与祭"的意思是我没有参与祭祀（让别人代替）。

【译义】
　　祭祖时就好像祖先真在面前，祭神时就好像神真在面前。孔子说："如果我没有亲自参加祭祀，那和不祭是一样的。"

3.13 王孙贾①问曰："与其媚②于奥③，宁媚于灶④，何谓也？"子曰："不然。获罪于天，无所祷也。"

【注释】
① 王孙贾：卫国卫灵公时的大夫。

② 媚：献媚，取悦。

③ 奥：奥神。室内的西南角，是主人所居，最尊。奥是古代五祀之一，五祀是祭祀住宅内的五种神，分别有门、户、灶、井、中霤（奥神）。

④ 灶：灶神。商朝时已在民间供奉的神，他平时会记录一家人的善恶言行，年终上天向玉皇大帝汇报，新年初四就再回到人间，继续记录一家人的善恶言行。灶神虽然在五祀中的地位不如奥神，但与人的关系更密切。

【译文】

王孙贾问道："与其取悦于奥神，宁愿取悦于灶神，说的是什么意思呢？"孔子说："不是这样的。如果得罪了上天，就没有地方可以祈祷了。"

3.14 子曰："周监①于二代②，郁郁③乎文④哉！吾从周。"

【注释】

① 监（jiàn）：借鉴。

② 二代：夏代和商代。

③ 郁郁：丰富。

④ 文：典章制度。

【译文】

孔子说:"周代是借鉴了夏、商两代而建立的,它的典章制度多么丰富啊!我遵从周代的典章制度。"

3.15 子入太庙①,每事问。或曰:"孰谓鄹人②之子知礼乎?入太庙,每事问。"子闻之,曰:"是礼也。"

【注释】

① 太庙:也称周公庙,是祭祀鲁太祖周公旦的宗庙。周初分封时,周公封于鲁,因他要辅佐周成王,他就派自己的儿子伯禽到鲁国就任,所以鲁国就建立了祭祀周公旦的太庙。

② 鄹(zōu)人:即孔子的父亲叔梁纥。子姓,孔氏,名纥,字叔梁,又称鄹人纥、鄹叔纥。叔梁纥是商人之后。商亡后,周文王把微子启分封到宋国。到孔父嘉时,他为避宋国的内乱逃到了鲁国。叔梁纥是孔父嘉的五世孙。叔梁纥在鲁襄公时,任鲁国贵族孟献子的武士,因立过战功,被封为鄹邑的大夫。所以,也被称为鄹人,孔子也被称为鄹人之子。叔梁纥与妻子施氏生了9个女儿,没有儿子。又娶妾,生了儿子孟皮,但孟皮跛足。叔梁纥又娶颜征在,颜征在为了生儿子,私祷于尼丘山,后来把生的儿子取名孔丘。

【译义】

　　孔子进了太庙,每件事情都要询问。有人说:"谁说叔梁纥的儿子懂礼呢?他进了太庙,每件事情都要询问。"孔子听到了这话,说:"这就是礼呀。"

3.16　子曰:"射①不主②皮③,为力不同科④,古之道也。"

【注释】

① 射:射箭。
② 主:重视,以……为主。
③ 皮:箭靶,此处指以皮革做的箭靶。
④ 科:等级,品级。

【译义】

　　孔子说:"射箭不重视是否能射穿箭靶,因为人的力气大小不同,这是古时的规矩。"

3.17　子贡欲去告朔①之饩②羊。子曰:"赐也!尔爱其羊,我爱其礼。"

【注释】

① 告朔：朔是阴历每月的初一。东周时期，每年秋冬之交，周天子要把第二年的历书颁发给诸侯，诸侯接受历书，藏于祖庙。每逢初一，要杀一只羊，祭于祖庙，然后回朝听政。祭庙叫告朔，听政叫视朔。鲁国从鲁文公开始已经不行告朔礼了，但仍有继续供祭祀用的活羊。

② 饩（xì）：祭祀用的活羊。

【译义】

子贡想把每月初一祭祖庙的活羊去掉。孔子说："赐呀！你爱惜那只羊，我爱惜这项礼。"

3.18 子曰："事①君尽②礼，人以为谄③也。"

【注释】

① 事：服侍。
② 尽：竭力做到，全部。
③ 谄：谄媚。

【译义】

孔子说："服侍君主竭力符合礼，别人却以为是谄媚呢。"

3.19 定公①问:"君使②臣,臣事君,如之何?"
孔子对曰:"君使臣以礼,臣事君以忠。"

【注释】

① 定公: 鲁定公,姬姓,名宋。鲁国第25任国君,在位15年。在鲁定公执政期间,孔子开始了仕宦生涯。鲁定公任命孔子做"中都宰",一年后做司空,继而做司寇。在孔子的治理下,鲁国社会出现了路不拾遗、夜不闭户的盛世景象。定公十年(公元前500年),在孔子陪同下,鲁定公参加了齐国、鲁国间的夹谷之会,相对弱小的鲁国取得了胜利。夹谷之会后,齐国归还了侵占的"鲁之四邑及汶阳之田",孔子的从政生涯达到了顶峰。其后,为了进一步打击三桓势力,在孔子建议下,鲁定公开始隳三都,但不幸失败。孔子离开鲁国,开始了周游列国的生涯,鲁定公3年后也去世了。

② 使: 支使,使用。

【译义】

定公问道:"君主役使臣子,臣子侍奉君主,该怎么做?"孔子回答说:"君主应该按照礼使用臣子,臣子应该按照忠服侍君主。"

3.20 子曰:"《关雎》①,乐而②不淫③,哀而不伤④。"

【注释】

① 《关雎》：《关雎》是《国风·周南》的第一篇，也是今本《诗经》的第一篇。这是一首情诗，描写了君子对淑女的思慕之情。

② 而：连词，表转折，然而、但是、却之义。

③ 淫：放荡。

④ 哀而不伤：忧愁而不悲伤。

【译义】

孔子说："《关雎》这首诗，快乐而不放荡，忧愁而不悲伤。"

3.21　哀公问社①于宰我②。宰我对曰："夏后氏③以松，殷人以柏，周人以栗，曰使民战栗。"子闻之，曰："成事④不说，遂事⑤不谏，既往不咎。"

【注释】

① 社：社神，即土地神。古人建国一定立土地神，立土地神一定树其地所宜之木为社主。

② 宰我：即宰予，宰姓，名予，字子我，又名予我、宰

我。孔子弟子，小孔子29岁。鲁国人，以口才知名，列孔门四科中言语科。宰我因反对三年之丧，被孔子批评为不仁，还因为白天睡觉，被孔子批评为朽木不可雕也、粪土之墙不可圬也。《史记·仲尼弟子列传》记载，宰我因参与了齐国田常之乱，被灭族，"孔子耻之"。

③ **夏后氏**：夏后氏是夏朝君主的氏，夏朝王族以国为氏，所以称夏后氏，简称夏。

④ **成事**：已做过的事情。

⑤ **遂事**：已完成的事情。

【译义】

哀公问宰我，土地神的神主应该用什么木。宰我回答说："夏代用松木，商代用柏木，周代用栗木，周代用栗木的意思是让民众战栗。"孔子听到后，说："已经做过的事情不必再解释了，已经完成的事情不必再劝阻了，已经过去的事情不必再追究了。"

3.22 子曰："管仲①之器小哉！"或曰："管仲俭乎？"曰："管氏有三归②，官事不摄③，焉得俭？""然则管仲知礼乎？"曰："邦君④树塞门⑤，管氏亦树塞门。邦君为两君之好，有反坫⑥，管氏亦有反坫。管氏而知礼，孰不知礼？"

【注释】

① **管仲**：姬姓，管氏，名夷吾，字仲，谥号敬，被称为管子、管夷吾、管敬仲。今安徽省颍上县人。管仲年轻时辅佐公子纠，在公子纠被齐桓公迫害致死之后，管仲继而辅佐了齐桓公，在齐国进行了一系列改革，最终辅佐齐桓公称霸诸侯。子贡对管仲的事二主行为不赞同，认为是非仁者所为。孔子虽然认为管仲器量小、不节俭、不知礼，但非常肯定管仲作出的巨大贡献，认为管仲是个仁人。

② **三归**：三处府邸。三归具体何指，历有争论，未有定谳。古注中一般有六种解释：一是指三姓女，何晏《论语集解》、皇侃《论语义疏》及《史记·礼书》《汉书·地理志》《战国策》等都持此论；二是指三归台，刘向《说苑》、朱熹《论语集注》持此论；三是指采邑的地名，梁玉绳《瞥记》认为三归之地是齐桓公赐给管仲的采邑；四是指三处府邸，俞樾《群经平议》持此论；五是指按常例交给公家的市租，郭嵩焘说是"市租之常例之归之公者"；六是指府库，武亿《群经义证》持此论。

③ **官事不摄**：家臣不兼职。

④ **邦君**：国君。

⑤ **树塞门**：门屏，古人屏也称树。古礼，天子诸侯于门外立屏以别内外。宫室入门后的门屏，也叫影壁或照壁。

⑥ **反坫**（diàn）：放置酒杯的坫台。

【译文】

孔子说:"管仲的器量小呀!"有人问:"管仲俭朴吗?"孔子说:"管仲有三处府邸,家臣不兼职,怎么能称得上俭朴呢?"那人又问:"那么管仲知礼吗?"孔子说:"国君有门屏,管仲也有门屏。国君在会见别国国君主时,堂上有放置酒杯的坫台,管仲也有这样的坫台。如果说管仲知礼,那还有谁不知礼呢?"

3.23 子语①鲁大师②乐③,曰:"乐其可知④也:始作,翕如⑤也;从⑥之,纯⑦如也,皦⑧如也,绎⑨如也,以成⑩。"

【注释】

① 语:告诉,谈论。朱熹《论语集注》:"语,告也。"
② 鲁大师:大师,同"太师",春秋时期的大师是掌管音乐的官员,相当于秦汉的太乐令,朱熹认为当时的鲁国"音乐废缺",所以孔子去教他们。鲁大师指的是鲁国乐官。
③ 乐:奏乐。
④ 知:明白,知道,知晓。
⑤ 翕(xī)如:五音齐鸣。
⑥ 从:同"纵",展开,接下来。
⑦ 纯:和谐,形容声音的清纯。
⑧ 皦(jiǎo):明晰,分明。
⑨ 绎(yì):连绵不断。

⑩ 以成：而后结束。

【译义】

孔子告诉鲁国乐官演奏音乐的道理，说："奏乐的道理是可以知道的：开始演奏时，五音齐鸣；接下来，音律和谐，节奏明晰，连绵不断，而后演奏结束。"

3.24 仪封人①请见，曰："君子之至于斯也，吾未尝不得见也。"从者②见之。出曰："二三子③何患于丧乎？天下之无道也久矣，天将以夫子为木铎④。"

【注释】

① 仪封人：卫国仪地的地方官。
② 从者：孔子随从的弟子。
③ 二三子：孔子的学生们。
④ 木铎（duó）：带木舌的金属铃铛，古代使者出行，沿途要摇它，宣施政教。

【译义】

卫国仪地的一个地方官请求见孔子，说："凡是君子到了这个地方，我没有不见的。"孔子随从的弟子领他见了孔子。他出来后说："你们为何忧虑怀才不遇呢？天下大乱已经很久了，上天将让孔子做宣扬教化的人。"

3.25 子谓①《韶》②："尽③美矣，又尽善也。"
     谓《武》④："尽美矣，未尽善也。"

【注释】
① 谓：谈到。
② 《韶》：《大韶》，舜时的乐舞。
③ 尽：极其。
④ 《武》：《大武》，周武王时的乐舞。武王通过暴力实现了权力更迭，而孔子是礼乐秩序的倡导者，觉得《武》有杀伐之声，所以觉得未尽善。

【译义】
孔子谈到《韶》乐说："极其美好，极其完善。"谈到《武》乐说："极其美好，但不完善。"

3.26 子曰："居上不宽①，为礼不敬，临丧不哀，吾何以观之哉！"

【注释】
① 宽：宽厚。

【译义】

　　孔子说:"居于高位时不宽厚,举行礼仪时不恭敬,参加丧礼时不悲哀,这种情况我怎么能看得下去呢?"

里仁第四

4.1 子曰:"里①仁为美。择不处仁②,焉得知③?"

【注释】

① 里:居住。里是古代的面积单位,长宽各300步,后演化成居民组织的基本单位,大小和人口没有固定,但一般比较小,后引申为做邻居、住在一起。何晏《论语集解》引郑玄注:"里者,民之所居也。居于仁者之里,是为善也。"
② 仁:有仁德的人。郑玄把此处的仁解释为仁人,朱熹解释为仁厚之俗。
③ 知:同"智"。

【译文】

孔子说:"跟有仁德的人住在一起才是好的。如果选择的住处不是跟有仁德的人在一起,如何能称得上是明智的呢?"

4.2 子曰:"不仁者不可以久处约①,不可以长处乐②。仁者安仁,知者利仁。"

【注释】

① 约:穷困,贫困,困顿。皇侃《论语义疏》:"约,犹贫

苦也。"朱熹《论语集注》:"约,穷困也。"
② 乐:逸乐,安乐。

【译义】

孔子说:"没有仁德的人不能长期处在贫困之中,也不能长期处在安乐之中。有仁德的人安心于践行仁,有智慧的人认识到仁对自己有好处,所以乐于去践行仁。"

4.3 子曰:"唯仁者能好①人,能恶②人。"

【注释】
① 好:喜欢,彼此亲善。
② 恶:讨厌,憎恨。

【译义】

孔子说:"只有有仁德的人,才能知道爱什么人,恨什么人。"

4.4 子曰:"苟①志②于仁矣,无恶③也。"

【注释】
① 苟:如果,假使。

② 志：有志，立志。
③ 恶：做坏事。古注一般有两种解释：一是做坏事，朱熹《论语集注》："其心诚在于仁，则必无为恶之事矣。"二是坏处，杨伯峻《论语译注》持此论。

【译义】

孔子说："如果一个人立志践行仁，就不会做坏事了。"

4.5 子曰："富与贵，是人之所欲也，不以其①道得之，不处②也。贫③与贱④，是人之所恶也，不以其道得之⑤，不去⑥也。君子去仁，恶⑦乎成名⑧？君子无终食之间⑨违⑩仁，造次⑪必于是，颠沛⑫必于是。"

【注释】
① 其：代词，指代富与贵。
② 处：居住，置身于，引申为接受。
③ 贫：贫困。
④ 贱：卑贱。
⑤ 得之：按句意应该理解成去之，摆脱之意。
⑥ 去：摆脱。
⑦ 恶（wù）：疑问代词，如何，哪，何。

⑧ **成名**：称得上君子。何晏《论语集解》引孔安国注："恶乎成名者，不得成名为君子。"朱熹《论语集注》："言君子所以为君子，以其仁也。若贪富贵而厌贫贱，则是自离其仁而无君子之实矣，何所成其名乎。"

⑨ **终食之间**：吃完一顿饭的时间，比喻时间极短。

⑩ **违**：离开。

⑪ **造次**：匆忙，仓促。

⑫ **颠沛**：颠沛流离，不安定。

【译义】

孔子说："富有和尊贵，是人们所期望的，但不通过正当途径得到它，君子是不接受的。贫困和卑贱，是人们所讨厌的，不通过正当途径摆脱它，君子是不会摆脱的。君子没有了仁德，如何还称得上君子？就算在吃一顿饭这么短的时间内，君子也没有离开过仁德，君子仓促时一定与仁德在一起，颠沛流离时一定与仁德在一起。"

4.6 子曰："我未见好仁者，恶①不仁者。好仁者，无以尚②之；恶不仁者，其为仁矣，不使不仁者加③乎其身。有能一日用其力于仁矣乎？我未见力不足者。盖④有之矣，我未之见也。"

【注释】

① 恶：憎恶。

② 尚：超过。

③ 加：施加、影响。

④ 盖：大概。

【译义】

孔子说："我没有见过喜欢仁德的人，也没有见过厌恶不仁的人。喜欢仁德的人，是无法超过的；厌恶不仁的人，他践行仁德，是不让不仁德的人影响自己。有人能一天都致力于践行仁德吗？我没有见过力量不够的人。大概这种人还是有的，只是我没有见过。"

4.7 子曰："人之过①也，各②于其党③。观过，斯知仁矣。"

【注释】

① 过：名词，错误，过失。

② 各：各自，各有。

③ 党：类别。何晏《论语集解》引孔安国注："党，类也。"皇侃、朱熹也持此义。

【译义】

孔子说："人的错误，各有它的类别。看一个人所犯的错误，就知道这个人有没有仁德了。"

4.8 子曰："朝闻①道②，夕死可矣③。"

【注释】

① 闻：听说，知道，了解。
② 道：道理。朱熹《论语集注》："道者，事物当然之理。苟得闻之，则生顺死安，无复遗恨矣。"
③ 矣：助词，表示语句的结束，相当于"了"。

【译文】

孔子说："早上知道了道理，晚上死了也无憾了。"

4.9 子曰："士①志②于道，而耻③恶④衣恶食者，未足⑤与议⑥也。"

【注释】

① 士：士是古代社会阶层的等级之一，是贵族等级中最低的阶层。士人指儒生，也是古代知识分子的统称。
② 志：志向，抱负，决心。
③ 耻：以……为耻。
④ 恶：粗劣。

⑤ 足：值得。

⑥ 议：谈论，讨论。

【译义】

孔子说："士人志向在道，但还以粗劣的衣食为耻的，这种人不值得同他讨论。"

4.10 子曰："君子之①于天下也，无适②也，无莫③也，义之与比④。"

【注释】

① 之：助词，用于强调或补足语气，无义。

② 适：亲近。古注中有两种解释：一是"亲近"义，郑玄持此论，郑玄："适，厚也，亲也。"二是"可以"义，朱熹《论语集注》、韩愈和李翱《论语笔解》等持此论。

③ 莫：疏远。古注中有两种解释：一是"疏远"义，郑玄持此论，郑玄："莫，薄也，漠然也。"二是"不可以"义，朱熹《论语集注》、韩愈和李翱《论语笔解》，以及一些今注也持此论。

④ 比：挨着，靠近，为邻。

【译义】

孔子说："君子对于天下的人，没有特别亲近谁，也没有特别疏远谁，他只同有义的人亲近。"

4.11 子曰："君子怀①德②，小人怀土③；君子怀刑④，小人怀惠⑤。"

【注释】
① 怀：关心。
② 德：德行。
③ 土：乡土。
④ 刑：威刑，法度。
⑤ 惠：恩惠，好处。

【译义】
孔子说："君子关心的是德行，小人关心的是乡土；君子关心的是法度，小人关心的是恩惠。"

4.12 子曰："放①于利而行②，多怨③。"

【注释】
① 放（fǎng）：依照，依据。古注中有两种解释：一是依照，何晏《论语集解》引孔安国注："放，依也"，孔安国、朱熹持此义；二是追逐，黄式三《论语后案》：

"《说文》放本训逐。驱逐、追逐皆为放，放利即逐利也。"

② 行：行事。

③ 怨：怨恨。

【译义】

孔子说："依照利益来行事，会招致很多怨恨。"

4.13 子曰："能以礼让为国乎？何有①？不能以礼让为②国，如礼何③？"

【注释】

① 何有：这有何难。

② 为：治理。

③ 如礼何：礼有何用。

【译义】

孔子说："能以礼让治国吗？这有何难？不能以礼让治国，礼有何用？"

4.14 子曰："不患①无位②，患所以③立④。不患莫己知⑤，求为可知也。"

【注释】

① 患：担心。

② 位：职位，地位，官位。

③ 以：凭借、依靠。

④ 立：任职。

⑤ 莫己知：倒装句，莫知己，"没人了解自己"之义。

【译文】

孔子说："不担心没有职位，只担心靠什么胜任职位。不担心没人了解自己，只求自己成为值得别人知道的人。"

4.15 子曰："参乎！吾道①一以贯之。"曾子曰："唯②。"子出，门人问曰："何谓也？"曾子曰："夫子之道，忠恕③而已④矣。"

【注释】

① 道：思想，学说，主张。

② 唯：急声回答的声音，"是""知道了""好的"之义。何晏《论语集解》引孔安国注："直晓不问，故答曰唯。"

③ 忠恕：忠和恕。据朱熹《论语集注》："尽己之谓忠，推己之谓恕。"竭尽全力是忠，推己及人是恕。

④ 而已：罢了。

【译义】

　　孔子说:"参呀!我的思想是用一个基本观念贯彻始终的。"曾子说:"是的。"孔子离开后,弟子们问曾子:"老师说的是什么意思呢?"曾子说:"老师的思想,只是忠恕罢了。"

4.16　子曰:"君子喻①于义,小人喻于利。"

【注释】

　　①喻:知晓,懂得。何晏《论语集解》引孔安国注:"喻,犹晓也。"

【译义】

　　孔子说:"君子懂得的是义,小人懂得的是利。"

4.17　子曰:"见贤思齐①焉,见不贤而内自省也。"

【注释】

　　①齐:看齐。

【译义】

孔子说:"看到贤人就想着向他看齐,看到不贤的人就内心反省自己有没有和他一样的缺点。"

4.18 子曰:"事①父母几②谏③,见志④不从⑤,又⑥敬不违,劳⑦而不怨。"

【注释】

① 事:服侍。
② 几(jī):细微,隐微,引申为委婉。何晏《论语集解》引包咸注:"几者,微也",郑玄、朱熹同包注。
③ 谏:劝谏,用言语或行动劝告别人改正错误。
④ 志:志向,意愿。
⑤ 从:听从。
⑥ 又:还是,再加上,还有。
⑦ 劳:忧虑。程树德认为,"劳"有三说:一是劳苦,皇侃持此义;二是忧虑,见王引之《经义述闻》:"劳,忧也";三是教诲,黄式三持此义。

【译义】

孔子说:"服侍父母要委婉劝谏,见到自己的劝谏没有被听从,仍然恭敬而不违背他们,虽然忧虑但不怨恨。"

4.19 子曰:"父母在,不远游。游必有方①。"

【注释】

① 方:地方。方在古注中一般有两种解释,一是常去的地方,何晏《论语集解》引郑玄注:"方,游常也。"皇侃《论语义疏》引《曲礼》:"'为人子之礼,出必告,反必面,所游必有常,所习必有业',是必有方也,若行游无常,则贻累父母之忧也。"汉儒大多持此论。二是方向,朱熹《论语集注》:"远游则去亲远而为日久,定省旷而音问疏,不惟己之思亲不置,亦恐亲之念我不完也。游必有方,如己告云之东,则不敢更适西,欲亲必知己之所在而无忧,召己则必至而无失也。"

【译义】

孔子说:"父母在世时,不远游他乡。如果要远游,一定要告知父母自己去的地方。"

4.20 子曰:"三年无改于父之道,可谓孝矣。"

【译义】

孔子说:"如果他三年没有改变他父亲的处世原则,这可以称得上孝了。"

4.21 子曰:"父母之年①,不可不知②也。一则以喜,一则以惧③。"

【注释】

① 年:年龄,岁数。
② 知:知道,记得。
③ 惧:担忧,担心。

【译义】

孔子说:"父母的年龄,不可不知道。一方面因为他们高寿而高兴,一方面因为他们高寿而担心。"

4.22 子曰:"古者言之不出,耻躬①之不逮②也。"

【注释】

① 躬:自己。
② 不逮:(做)不到。

【译义】

孔子说:"古人话不轻易说出口,是因为他们以自己做不到为耻。"

4.23 子曰:"以①约②失③之者鲜矣。"

【注释】

① 以:因为。
② 约:约束,节制。约在古注中有两种解释,一是节俭,何晏《论语集解》引孔安国注:"奢则骄溢招祸,俭约无忧患。"二是约束,朱熹《朱子文集·答曾择之》:"约有收敛近里着实之意,非徒简而已。"
③ 失:错误。

【译义】

孔子说:"因为自我约束还犯错误的人是很少的。"

4.24 子曰:"君子欲讷①于言而敏于行。"

【注释】

① 讷:语言迟钝,引申为谨慎。

【译义】

孔子说:"君子想做到说话谨慎、行动敏捷。"

4.25 子曰:"德不孤①,必有邻②。"

【注释】

① 孤：孤单。
② 邻：接近的人，亲近的人，引申为同伴。

【译义】

孔子说："有德行的人不会孤单，一定会有志同道合的同伴。"

4.26 子游曰："事君数①，斯辱矣；朋友数，斯疏矣。"

【注释】

① 数（shǔ）：责备，指责。数在古注中有八种解释。一是逼迫、催促，何晏《论语集解》："数，谓速数之数也。"二是表功，《释文》引郑玄注："谓数己之功劳也。"三是计算利害关系，皇侃《论语义疏》："言数，计数也。"四是频繁，韩愈、李翱《论语笔解》："吾谓数当谓频数之数。"朱熹《论语集注》引程子的话："数，烦数也。"五是不守信，焦循《论语补疏》认为数是僭，而"僭，不信也"。六是当面数落别人的过错，俞樾《群经平议》："数者，面数其过也。"七是快速，《说文解字》《尔雅》中是用"疾"解释数。八是急迫，胡绍勋《四书拾义》："数有骤义。"

【译义】

　　子游说:"事奉君主时,当面指责他的过失,这样会招致羞辱;与朋友交往时,当面指责他的过失,这样会被疏远。"

公冶长第五

5.1 子谓①公冶长②："可妻③也。虽在缧绁④之中，非其罪也。"以其子⑤妻之。

【注释】

① 谓：谈到。

② 公冶长：又称公冶氏，名为长，字子长或子芝。孔子弟子。《史记·仲尼弟子列传》说他是齐国人。《孔子家语·七十二弟子解》说他"为人能忍耻，孔子以女妻之"。嘉靖版《青州府志》记载他能懂百禽语。一天，有一只鸱告诉他，某地有只死獐，肉留给公冶长，它吃死獐的肠。公冶长去了，获得了死獐，但没有把肠留给鸱，鸱很生气，然后设计把公冶长送进了监狱。皇侃《论语义疏》中还引了《论释》的另一个故事，公冶长因为懂鸟语，进了监狱，后在监狱中因多次破解了鸟语而获得了释放。

③ 妻（qì）：以女嫁人。

④ 缧绁（léi xiè）：捆绑犯人的绳索，此处借指监狱。

⑤ 子：女儿，在古代，儿子、女儿都称子。

【译义】

孔子谈到公冶长时说："可把女儿嫁给他。他虽然被关在监狱里，但不是他的罪过。"于是把自己的女儿嫁给了他。

5.2 子谓南容①："邦②有道，不废③；邦无道，免④于刑戮⑤。"以其兄之子妻之。

【注释】

① 南容：即南宫适（kuò），亦称南宫韬。姬姓，南宫氏，字子容。孔子弟子。《孔子家语·七十二弟子解》记载"南宫韬，鲁人，字子容，以智自将，世清不废，世浊不洿，孔子以兄子妻之"。
② 邦：古时诸侯的封土，大的称邦，小的称国。
③ 废：舍弃不用。
④ 免：避免。
⑤ 刑戮：刑罚或诛戮。

【译文】

孔子谈到南宫适时说："太平盛世时，他不会被舍弃不用；乱世时，他能避免刑罚。"于是把自己哥哥的女儿嫁给了他。

5.3 子谓子贱①："君子哉②若人！鲁无君子者，斯③焉取斯④？"

【注释】

① 子贱：宓（fú）子贱，名不齐。孔子的弟子，小孔子37岁。宓子贱曾任"单父宰"，据《吕氏春秋》记载，他

在单父是"身不下堂而单父治"。《孔子家语·子路初见》记载,孔子的侄子孔蔑与宓子贱一块做官,孔子见了孔蔑,问从政有何收获,孔蔑说有三失。孔子问宓子贱时,宓子贱说有三得,孔子非常满意他的回答。宓子贱在单父采取了鸣琴而治的方式,取得了很好的治理效果。后来,巫马期治理单父时,日夜不息地工作才勉强把单父治理好。"掣肘"一词源于宓子贱治理单父时的故事。

② 哉:助词,表示惊叹或肯定的语气。
③ 斯:代词,此处指子贱。
④ 斯:代词,此处指君子的品行。

【译义】

孔子谈到宓子贱时说:"这个人是君子呀!如果鲁国没有君子,那他从哪儿学到的这些品行呢?"

5.4 子贡问曰:"赐也何如①?"子曰:"女②,器也。"曰:"何器也?"曰:"瑚琏③也。"

【注释】

① 何如:倒装句,如何,怎么样之义。
② 女:同"汝",你。
③ 瑚琏:宗庙中用来盛黍稷的珍贵食器,竹制,以玉饰之,西周晚期到战国晚期使用。何晏《论语集解》引

包咸注:"瑚琏,黍稷器也。夏曰瑚,殷曰琏,周曰簠(fǔ)簋(guǐ),宗庙器之贵者也。"

【译义】

子贡问:"我是个怎么样的人?"孔子说:"你好比是个器具。"子贡说:"是什么器具呢?"孔子说:"瑚琏。"

5.5 或曰:"雍①也仁而不佞②。"子曰:"焉用佞?御③人以口给④,屡憎于人。不知其仁,焉用佞?"

【注释】

① 雍:冉雍,字仲弓。鲁国人。在孔门弟子中属德行科。冉雍曾做过季桓子的宰臣,但因季桓子"谏不能尽行,言不能尽听",冉雍辞去季氏的职位,继续问学孔子。冉雍与兄弟冉耕、冉求都是孔子的弟子。
② 佞:能言善辩,巧言善辩,谄媚。
③ 御:反驳,抵挡。
④ 口给(jǐ):给,敏捷。口给指的是敏捷的口才反驳(别人)。

【译义】

有人说:"冉雍有仁德但不能言善辩。"孔子说:"为何要求他要能言善辩呢？用敏捷的口才反驳别人，常常被人厌恶。我不知道冉雍有没有仁德，但为何要求他要能言善辩呢？"

5.6 子使漆雕开①仕②。对曰："吾斯③之未能信④。"子说⑤。

【注释】

① 漆雕开：名启，字子开。蔡国人，一说鲁国人。比孔子小11岁。曾受过膑刑，是残疾人。孔子去世后，儒家分为八派，漆雕氏之儒是其中一派。《孔子家语·七十二弟子解》说他"习尚书，不乐仕"。孔子鼓励他出仕，认为他的年龄可以入仕了，不然时机就错过了，漆雕开是以"吾斯之未能信"回答的。
② 仕：做官。
③ 斯：代词，这，代指出仕这件事。
④ 信：信心。
⑤ 说：同"悦"，高兴。

【译义】

孔子让漆雕开去做官。漆雕开回答说："我对做官这事还没有信心。"孔子听了很高兴。

5.7 子曰:"道不行①,乘桴②浮于海。从我者,其③由与?"子路闻之喜。子曰:"由也好勇过我,无所取材④。"

【注释】

① 不行:(主张)行不通。
② 桴:木筏。何晏《论语集解》引马融注:"桴,编竹木大者曰筏,小者曰桴。"
③ 其:副词,大概,也许。
④ 无所取材:没有其他可取的才能。古注中一般有三种解释。一是无所取桴材,这是孔子在和子路开玩笑。何晏《论语集解》引郑玄注、皇侃《论语义疏》等取此义;二是子路的好勇、自信没有什么可取的,今注采此义较多;三是材同"裁",不能"裁度事理以适于义",程子、朱熹取此义。

【译文】

孔子说:"如果我的主张行不通了,我就乘木筏到海外去。跟随我的人,大概只有仲由吧!"子路听到这话很高兴。孔子说:"仲由好勇超过我,但没有其他可取的才能了。"

5.8 孟武伯问:"子路仁乎?"子曰:"不知也。"

又问。子曰:"由也,千乘之国,可使治①其赋②也,不知其仁也。""求也何如?"子曰:"求也,千室之邑③,百乘之家④,可使为之宰也,不知其仁也。""赤⑤也何如?"子曰:"赤也,束带⑥立于朝,可使与宾客言⑦也,不知其仁也。"

【注释】

① 治:治理,管理。
② 赋:征发粮秣、车马、兵甲和兵役的制度。何晏《论语集解》引孔安国注:"赋,兵赋也。"朱熹《论语集注》:"赋,兵也。古者以田赋出兵,故谓兵为赋,《春秋传》所谓'悉索敝赋'是也。言子路之才可见者如此,仁则不能知也。"
③ 邑:城邑。古时邑分为公邑和家邑,公邑是国君直接管理的土地,家邑是大夫的封地。
④ 家:卿大夫统治的政治区域,即卿大夫的采邑。
⑤ 赤:字子华。鲁国人。孔子弟子,比孔子小42岁。《孔子家语·七十二弟子解》说他"束带立朝,闲宾主之仪"。也就是非常擅长外交。《孔子家语》有一章《曲礼·公西赤问》,是孔子为公西赤解答丧葬的问题。《论语·雍也》记载了公西赤为孔子出使齐国,冉有为他母亲"请粟"的故事。
⑥ 束带:整饬衣服,束紧衣带。古人有事则将腰带高束

于胸，无事就缓带在腰际，此处引申为穿着礼服。

⑦ **与宾客言**：与客人谈话，引申为接待宾客。

【译文】

　　孟武伯请教孔子："子路是个仁人吗？"孔子说："不知道。"孟武伯又问了一次。孔子说："仲由呀，在一个有千辆兵车的国家，可以让他管理军赋，我不知道他是不是个仁人。"孟武伯又问："冉求这个人怎么样？"孔子说："冉求呀，在一个有一千户人家的城邑，或者在一个有百辆兵车的大夫封地，可以让他做总管，我不知道他是不是个仁人。"孟武伯又问："公西赤这个人怎么样？"孔子说："公西赤呀，可让他穿着礼服站立在朝堂上，接待宾客，我不知道他是不是个仁人。"

5.9　子谓子贡曰："女与回也孰愈①？"对曰："赐也何敢望②回？回也闻一以知十，赐也闻一以知二。"子曰："弗如也。吾与女③弗如也。"

【注释】

① **愈**：更强。

② **望**：比较，相比。

③ **吾与汝**：我和你。古注一般有两种解释，一是我和你，何晏《论语集解》引包咸注："既然子贡不如，复云吾

与女俱不如者，盖欲以慰子贡也。"二是我赞同你，朱熹《论语集注》："与，许也。"

【译文】

孔子对子贡说："你和颜回哪一个更强？"子贡回答说："我端沐赐怎么敢和颜回相比！颜回听到一件事就可以推知十件事，我听到一件事就只能推知两件事。"孔子说："不如他。我和你，都不如他。"

5.10 宰予昼寝①。子曰："朽②木不可雕也，粪③土之墙不可杇④也，于⑤予⑥与何诛⑦？"子曰："始⑧吾于人也，听其言而信其行；今吾于人也，听其言而观其行。于予与改是⑨。"

【注释】

① 昼寝：白天睡觉。韩愈和李翱《论语笔解》、周密《齐东野语》、桂馥《朴札》把"昼寝"解释为"画寝"，认为是"绘画寝室"之义，也即是装饰居室，这是当时崇尚奢华的举动，所以孔子批评他。

② 朽：腐朽。

③ 粪：秽物的统称，包括灰土、粪便、废弃物等。

④ 杇（wū）：今作"圬"。木制工具，把新建泥墙的凹凸

不平的表面进行铲平，或对粗糙的表面进行磨平处理的木制工具，此处引申为粉刷。

⑤ 于：对于。

⑥ 予：宰予。

⑦ 诛：责备。

⑧ 始：起初，一开始。

⑨ 于予与改是：宰予昼寝这件事让我改变了态度。

【译义】

宰予白天睡觉。孔子说："腐朽的木头不可以雕刻了，污秽的墙不可以粉刷了，对于宰予，我还能责备他什么呢？"孔子说："起初我对于人，听了他的话就相信他的行为；现在我对于人，听了他的话还要观察他的行为。宰予昼寝这件事让我改变了态度。"

5.11 子曰："吾未见刚①者。"或对曰："申枨②。"子曰："枨也欲③，焉得刚？"

【注释】

① 刚：坚强，刚强。

② 申枨（chéng）：字周。鲁国人。孔子七十二弟子之一。

③ 欲：欲望，贪欲。

【译义】

　　孔子说:"我没有见过刚强的人。"有人回答说:"申枨就是这样的人。"孔子说:"申枨欲望太多,怎么能称得上刚强?"

5.12 子贡曰:"我不欲人之加①诸我也,吾亦欲无加诸人。"子曰:"赐也,非尔所及②也。"

【注释】

① 加:强加。古注中一般有两种解释,一是强加,如何晏《论语集解》引马融注:"加,陵也。"皇侃、朱熹也持此义;二是诬谤、添枝加叶地说假话,如黄式三《黄氏后案》:"谓饰词毁人也。"

② 及:达到,做到。

【译义】

　　子贡说:"我不愿意别人强加给我的事情,我也不想强加给别人。"孔子说:"赐呀,这不是你所能做到的。"

5.13 子贡曰:"夫子之文章①,可得而闻也;夫子之言性与天道,不可得而闻也。"

【注释】

① 文章：指《诗》《书》《礼》《易》《乐》《春秋》六部典籍。皇侃《论语义疏》引太史叔明云："文章者，六籍是也。"

【译文】

子贡说："老师谈的《诗》《书》《礼》《易》《乐》《春秋》，我们可以听得到；老师谈的人性和天道，我们听不到。"

5.14 子路有闻，未之能行，唯恐有①闻。

【注释】

① 有：同"又"。

【译文】

子路听到孔子的一句话，在还没能去实行的时候，唯恐又听到新的一句话。

5.15 子贡问曰："孔文子①何以谓之'文②'也？"子曰："敏③而好学，不耻下问④，是以⑤谓之'文'也。"

【注释】

① 孔文子：姞（jí）姓，孔氏，名圉，也被称为仲叔圉。卫国的大夫，去世后被卫君谥为"文"。因生前有些不合礼法的行为，所以子贡对他被谥为"文"有疑问。

② 文：孔文子的谥号。据《逸周书·谥法》，下面六种条件可以被谥为文："经纬天地曰文，道德博厚曰文，学勤好问曰文，慈惠爱民曰文，悯民惠礼曰文，锡民爵位曰文。"

③ 敏：勤勉，勤奋。

④ 问：请教。

⑤ 是以：所以，因此。

【译义】

子贡请教说："孔文子凭什么被谥为'文'呢？"孔子说："他勤奋好学，不耻于向地位低的人请教，因此被谥为'文'。"

5.16 子谓子产："有君子之道四焉：其行己也恭②，其事上也敬，其养③民也惠④，其使⑤民也义。"

【注释】

① 子产：姬姓，名侨，字子产，又字子美。又称公孙侨、

公孙成子、东里子产、国子、国侨、郑乔。郑国的卿。子产是郑穆公的后代,是郑国为卿执政的"七穆"之一。年少时,他看到郑国入侵蔡国,就预料到了郑国必遭兵祸。执政郑国时,他以会盟、铸刑书、不毁乡校等改革措施,把郑国变成了一个夜不闭户、路不拾遗的社会。子产去世后,民众聚哭了三个月。

② **行己也恭**:自身行为庄重。蔡清《四书蒙引》:"行己恭主容说,盖出入、起居、升降、进退见之一身者,皆行己也。夫子温良恭俭让之恭亦主容说。"

③ **养**:教养。

④ **惠**:实惠,好处。

⑤ **使**:役使。

【译义】

孔子评论子产说:"他有四项君子的品德:他自身行为庄重,他侍奉君主恭敬,他教养民众并让他们得到实惠,他役使民众合乎道义。"

5.17 子曰:"晏平仲①善与人交,久而敬之。"

【注释】

① **晏平仲**:晏婴,字仲,谥号平,也称晏子。齐国上大夫,辅政50余年。晏婴生活节俭,谦恭下士,喜欢直言劝谏,有卓越的外交才能。孔子认为他是个君子。

【译义】

孔子说:"晏婴善于与人交往,时间越久越受人尊敬。"

5.18 子曰:"臧文仲①居②蔡③,山节④藻梲⑤,何如其知⑥也?"

【注释】

① 臧文仲:姬姓,臧孙氏,名辰,谥号文。鲁国大夫,以贤明知名于当世,但孔子对他评价不高。
② 居:提供居室。
③ 蔡:国君占卜用的龟甲,由专人掌守,因出于蔡,故名。何晏《论语集解》引包咸注:"蔡,国君之守龟,出蔡地,因以为名焉,长尺有二寸。"
④ 山节:节,柱上的斗拱。山节指的是在斗拱上画着山。
⑤ 藻梲(zhuō):梲,梁上的短柱。藻梲指的是在短柱上画着海藻。
⑥ 知:同"智"。

【译义】

孔子说:"臧文仲为大蔡之龟的龟甲建了龟室,龟室有山形的斗拱、有画着海藻的短柱,他的智慧如何呢?"

5.19 子张问曰:"令尹子文①三仕为令尹,无喜色;三已②之,无愠③色。旧令尹之政,必以告新令尹。何如?"子曰:"忠矣。"曰:"仁矣乎?"曰:"未知,焉得仁?""崔子④弑齐君,陈文子⑤有马十乘,弃而违⑥之。至于他邦,则曰:'犹吾大夫崔子也。'违之。之一邦,则又曰:'犹吾大夫崔子也。'违之。何如?"子曰:"清矣。"曰:"仁矣乎?"曰:"未知,焉得仁?"

【注释】

① 令尹子文:芈(mǐ)姓,名穀(gòu)於(wū)菟(tú),字子文,斗伯比之子。斗邑人(今湖北郧西,一说为梦泽人)。楚国令尹。三任首辅,曾毁家纾难,孔子认为他忠。《左传》《国语》等典籍上记载有他的故事。

② 已:被免职。

③ 愠:怨恨。

④ 崔子:崔杼,姜姓,崔氏,名杼,谥号武,又称崔子、崔武子。齐国大夫。因家庭丑闻杀了国君齐庄公,史官在记载这件事时写"崔杼弑庄公",因为齐国有弑君的崔杼,陈文子才离开齐国。

⑤ 陈文子:名须无,齐国大夫,与崔杼是同时代人。

⑥ 违:离开(齐国)。

【译义】

子张请教孔子说:"令尹子文几次做令尹,没有喜悦的神色;几次被免职,没有怨恨的神色。每次免职时,自己做令尹时的旧政,一定告诉新令尹。这个人怎么样?"孔子说:"可以称得上忠了。"子张说:"称得上仁吗?"孔子说:"不知道,这如何称得上仁呢?"子张又请教说:"崔杼杀了齐庄公,陈文子有马车十乘,他舍弃不要,离开了齐国。到了其他国家,说道:'这里的执政者与我们的大夫崔杼一样。'于是离开了这个国家。到了另一个国家,又说道:'这里的执政者与我们的大夫崔杼也一样。'于是又离开了这个国家。这个人怎么样?"孔子说:"可以称得上清了。"子张说:"称得上仁吗?"孔子说:"不知道,这如何称得上仁呢?"

5.20 季文子^① 三思而后行。子闻之,曰:"再^②,斯可矣。"

【注释】

① 季文子:姬姓,季孙氏,名行父。鲁国正卿,鲁襄公时摄政。去世后,谥号文。
② 再:第二次。

【译义】

季文子做事总是要考虑多次后才去做。孔子听到了,说："考虑两次就可以了。"

5.21 子曰:"宁武子①,邦有道,则知②;邦无道,则愚。其知可及也,其愚不可及也。"

【注释】

① 宁武子:姬姓,宁氏,名俞,谥号武,即宁武子。卫国的卿。卫成公无道,宁武子多次尽忠辅佐,不避危难。
② 知:同"智",聪明。

【译文】

孔子说:"宁武子,在太平盛世时他就显得聪明,在乱世时就装傻。他的那种聪明别人可以做得到,他的那种装傻别人就做不到了。"

5.22 子在陈,曰:"归①与!归与!吾党之小子②狂简③,斐然④成章⑤,不知所以裁之⑥。"

【注释】

① 归：返回，回去。
② 吾党之小子：党，古代的地方组织名称，五百家为一党，此处引申为家乡。吾党之小子指的是我家乡的学生们。
③ 狂简：志向远大、做事粗略简单。古注中有两种解释，一是远大，如何晏《论语集解》引孔安国注："简，大也。"二是远大和粗略简单，如朱熹《论语集注》："狂简，志大而略于事也。"
④ 斐然：有文采的样子。
⑤ 章：章法。
⑥ 裁：剪裁，引申为指导。

【译义】

孔子在陈国，说："回去吧！回去吧！我家乡的学生们志向远大、做事粗略简单，有文采、有章法，我不知道用什么去指导他们。"

5.23 子曰："伯夷①、叔齐②不念③旧恶④，怨是用⑤希。"

【注释】

① 伯夷② 叔齐：伯夷、叔齐是商代孤竹国国君的儿子，他们两人因不愿继承王位，双双离开了孤竹国，投奔

了周文王姬昌。在周武王克殷后，二人作为商臣，决定不食周粟，隐居在首阳山，以树皮、蕨菜为食，并作了《采薇歌》以咏志。二人最终饿死在首阳山，他们的气节受到历代传颂，是历史上知名的高洁之士。

③ **念**：记在心上。

④ **恶**：仇恨。

⑤ **是用**：用，表示原因，相当于因、因为。是用为倒装句，用是，"因此"义。

【译文】

孔子说："伯夷、叔齐不记旧仇，别人对他们的怨恨因此少了。"

5.24 子曰："孰①谓微生高②直③？或乞醯④焉，乞诸其邻而与之。"

【注释】

① **孰**：代词，谁。

② **微生高**：据朱熹《论语集注》，微生是姓，名高。鲁国人。以直知名。《史记·苏秦列传》记载，苏秦在燕王面前自辩时提到了"信如尾生"的故事，这个尾生可能就是微生高。尾生与一女子约在一桥下见面。结果是女子没有来，大水把抱着柱子等待的尾生淹死了。

③ 直：直率。

④ 醯（xī）：醋。

【译义】

　　孔子说："谁说微生高这个人直率？有人向他要点醋，他不直说没有，却从邻居那儿要了些给了这人。"

5.25　子曰："巧言、令色、足①恭，左丘明②耻之，丘亦耻之。匿怨而友③其人，左丘明耻之，丘亦耻之。"

【注释】

① 足：过分。朱熹《论语集注》："足，过也。"
② 左丘明：春秋末期鲁国的盲人史官，具体资料已不可考。关于姓名，一说复姓左丘，名明；一说单姓左，名丘明；一说因其世代为左史，所以尊称为左丘明。据传他是《左传》和《国语》的作者。
③ 友：（显示出）友好。

【译义】

　　孔子说："虚伪的言辞、谄媚的表情、过分的恭顺，左丘明觉得这样可耻，我也觉得这样可耻。把对别人的怨恨隐藏在心里，表面上装着与他友好，左丘明觉得这样可耻，我也觉得这样可耻。"

5.26 颜渊、季路侍①。子曰："盍②各言尔志？"子路曰："愿车、马、衣、轻裘③与朋友共，敝④之而无憾。"颜渊曰："愿无伐⑤善⑥，无施⑦劳⑧。"子路曰："愿闻子之志。"子曰："老者安之，朋友信之，少者怀⑨之。"

【注释】

① 侍：侍立。
② 盍：同"何"，何不。何晏《论语集解》引郑玄："盍，何不也。"
③ 裘：皮衣。
④ 敝：坏。朱熹《论语集注》："敝，坏也。"
⑤ 伐：自夸。
⑥ 善：（自己的）优点。
⑦ 施：夸大。朱熹《论语集注》："施亦张大之意。"
⑧ 劳：功劳。
⑨ 怀：关怀。

【译义】

颜渊、子路侍立在孔子身旁。孔子说："何不说说你们各自的志向?"子路说:"我愿意把我的车、马、衣服、皮衣与朋友共用,用坏了也不抱怨。"颜渊说:"我愿意不自夸自己的优点,不夸大自己的功劳。"子路向孔子说:"想听听您的志向。"孔子说:"我的志向是让老人安乐,让朋友互相信任,让年轻人得到关怀。"

5.27 子曰:"已矣乎!吾未见能见其过而内自讼①者也。"

【注释】
① 讼:责备。

【译义】

孔子说:"算了吧!我还没有见过看到自己的错误而内心自责的人。"

5.28 子曰:"十室之邑,必有忠信如丘者焉,不如丘之好学也。"

【译义】
孔子说:"即使在十户人家的城邑,也一定有像我一样忠信的人,只是不如我好学罢了。"

雍也第六

6.1 子曰:"雍也可使南面①。"

【注释】

① 南面:面向南,古时以坐北朝南为尊,官员坐堂听政都是面向南,此处引申为从政。南面在古注中一般有四种解释,一是做天子、人君,如朱熹《论语集注》:"南面者,人君听治之位"。二是做诸侯,如何晏《论语集解》引包咸注:"可使南面者,言任诸侯之治"。三是做卿大夫,王引之《经义述闻》:"临民者无不南面",如果是指做人君、诸侯的话,那是僭越了。所以,王引之认为南面是做卿大夫。四是指从政,凌廷堪《礼经释义》:"此南面指人君,亦兼卿大夫士言之,非春秋之诸侯及后世之帝王也",王崇简《冬夜笺记》也持此论。

【译义】

孔子说:"冉雍这个人可以让他从政。"

6.2 仲弓问子桑伯子①。子曰:"可也,简②。"仲弓曰:"居敬③而行④简,以临⑤其民,不亦可乎?居简而行简,无乃⑥大⑦简乎?"子曰:"雍之言然⑧。"

【注释】

① 子桑伯子：具体资料已不可考。可能是子桑户，隐士，言行不太顾及世俗礼法。《说苑·修文篇》记载，孔子去见子桑户，子桑户是"不衣冠而处"。孔子的子弟不理解孔子为何去见他，孔子解释说子桑户本质很好，只是不重视外在的修饰，我准备劝说他，让他多点外在的修饰；子桑伯子的弟子也不理解他为何要见孔子，子桑伯子解释说孔子本质很好，但外在太注重繁文缛节了，我准备劝说他，让他少点繁文缛节。《庄子·大宗师》也曾记载，子桑户去世后，还没有下葬，孔子让子贡去吊唁，子贡在那儿看到孟子反、子琴张两个人围着子桑户的尸体唱歌。子贡回去把看到的事情告诉了孔子，孔子说："彼游方之外者也，而丘游方之内者也。"孔子认为他们是逍遥世外的隐士。

② 简：刘向《说苑·修文篇》："简者，易野也。易野者，无礼文也。"

③ 居敬：持身恭敬。

④ 行：从事，做事。

⑤ 临：统治，治理。

⑥ 无乃：表示委婉忖度的语气，莫非，恐怕是。

⑦ 大：同"太"。

⑧ 然：对，是。

【译文】

　　仲弓向孔子请教子桑伯子这个人怎么样。孔子说："他还可以,但做事太简。"仲弓说:"一个人持身恭敬、做事简,以这样的态度治理民众,不也可以吗?但如果持身简、做事简,恐怕是太简了吧?"孔子说:"冉雍,你的话是对的。"

6.3 哀公问:"弟子孰为①好学?"孔子对曰:"有颜回者好学,不迁怒②,不贰③过。不幸短命④死矣。今也则亡⑤,未闻好学者也。"

【注释】

① 为:是。

② 迁怒:迁,转移。迁怒指的是把怒气发泄到别人身上。

③ 贰:重复的,同样的。朱熹《论语集注》:"贰,复也"。

④ 短命:颜回去世时只有41岁,古人认为活不到50岁就是短命夭殇。

⑤ 亡:同"无",没有。

【译义】

鲁哀公问孔子:"你的弟子中谁是好学的?"孔子回答说:"有个叫颜回的好学,他不把怒气发泄到别人身上,也不犯同样的错误。不幸短命去世了。现在没有这样的人了,我再也没有听到过有好学的人了。"

6.4 子华①使②于齐,冉子为其母请③粟④。子曰:"与之釜⑤。"请益⑥。曰:"与之庾⑦。"冉子与之粟五秉⑧。子曰:"赤之适⑨齐也,乘肥马,衣轻裘。吾闻之也,君子周⑩急⑪不继⑫富。"

【注释】

① 子华:公西赤,参见5.8注⑤。
② 使:出使。朱熹《论语集注》和刘宝楠《论语正义》都认为公西赤是被孔子派遣出使齐国的。
③ 请:恳求,要。
④ 粟:谷子。
⑤ 釜:六斗四升。
⑥ 益:增加。
⑦ 庾(yǔ):二斗四升。
⑧ 秉:十六斛为一秉。
⑨ 适:往,到。
⑩ 周:接济。
⑪ 急:有紧急困难。
⑫ 继:更加,接续。

【译义】

　　公西华出使齐国，冉有为公西赤的母亲向孔子要些谷子。孔子说："给她六斗四升。"冉有请求再增加一点。孔子说："再给她二斗四升。"冉有却给了她八十斛谷子。孔子说："公西赤到齐国去，坐着膘肥体壮的马拉的车子，穿着轻暖的裘皮袄。我听说，君子接济有紧急困难的人，而不是让富有的人更加富有。"

6.5　原思①为之宰②，与之粟九百，辞③。子曰："毋！以与尔邻里乡党④乎！"

【注释】

① **原思**：原宪，字子思，又称原思。宋国人。孔子弟子，比孔子小36岁。《孔子家语·七十二弟子解》说他"清净守节，贫而乐道"。孔子做鲁国司寇时，他做孔子的家臣。孔子去世后，原思隐居在卫国。《史记·仲尼弟子列传》记载，原思在卫国隐居时，子贡当时在卫国做相，排场很大地去拜访隐居在草莽中的原思，原思穿着破旧的衣服迎接。子贡以为他生病了，原思说，没钱的人称为贫，学了道却不能践行的称为病，我是贫，不是病。子贡惭愧地离开了，他一生都为自己说过这样的话感到羞耻。

② **宰**：家臣。

③ **辞**：动词，推却，不接受。

④ **乡党**：乡邻。《周礼·地官司徒第二·大司徒》："令五家为比，使之相保；五比为闾，使之相受；四闾为族，使之相葬；五族为党，使之相救；五党为州，使之相赒；五州为乡，使之相宾。"

【译文】

原思担任孔子的家臣，孔子给他谷子九百斗，原宪推辞不要。孔子说："不要推辞！如果你不要，拿去给你的乡邻吧！"

6.6 子谓仲弓①曰："犁牛之子骍②且角③，虽欲勿用④，山川其舍⑤诸？"

【注释】

① **仲弓**：即冉雍，参见5.5注①。
② **骍**（xīng）：红色的马。
③ **角**：角长得周正（符合祭祀的要求）。朱熹《论语集注》："角者，角周正中牺牲也。"
④ **用**：用作祭祀。朱熹《论语集注》："用，用以祭也。"
⑤ **舍**：放弃，舍弃。

【译文】

孔子谈到仲弓时说："耕牛之子长着红色的毛并且牛角

周正，虽然不想用它作祭品，但山川之神难道会舍弃它吗？"

6.7 子曰："回也，其心三月①不违②仁，其余则③日月④至⑤焉而已矣。"

【注释】

① 三月：三个月，比喻长时间。
② 违：离开。
③ 则：连词，只，仅。
④ 日月：一天一月，比喻时间短暂。
⑤ 至：达到。

【译义】

孔子说："颜回呀，他的心可以长时间不离开仁，其他的人仅能短时间内做到仁罢了。"

6.8 季康子问："仲由可使从政也与？"子曰："由也果①，于从政乎何有②？"曰："赐也可使从政也与？"曰："赐也达③，于从政乎何有？"曰："求也可使从政也与？"曰："求也艺④，于从政乎何有？"

【注释】

① 果：果敢决断。
② 何有：倒装句，有何，"有何难"之义。
③ 达：通达事理。
④ 艺：多才能。朱熹《论语集注》："艺，多才能。"

【译文】

季康子问："仲由这个人，可以让他从政吗？"孔子说："仲由果敢决断，从政有什么难的呢？"季康子问："端沐赐这个人，可以让他从政吗？"孔子说："端沐赐通达事理，从政有什么难的呢？"季康子问："冉求这个人，可以让他从政吗？"孔子说："冉求多才多艺，从政有什么难的呢？"

6.9 季氏使闵子骞①为费宰。闵子骞曰："善②为我辞焉！如有复③我者，则吾必在汶上④矣。"

【注释】

① 闵子骞：即闵损，字子骞。鲁国人。孔子弟子，比孔子小15岁，属于孔门德行科。《孔子家语·七十二弟子

解》说他"以德行著名,孔子称其孝焉",是历史上知名的孝子,《二十四孝》中有他"单衣顺母"的故事。

② 善:好好的。

③ 复:再次(找)。

④ 上:水北。桂馥《札朴》:"水以北为阳,凡言某水上者,皆谓水北。"

【译义】

季氏让闵子骞做费邑的长官。闵子骞对来人说:"请好好地为我辞掉吧!如果再有人来找我,我一定在汶水之北了。"

6.10 伯牛①有疾,子问②之,自牖③执④其手,曰:"亡⑤之,命矣夫⑥!斯人也而有斯疾也!斯人也而有斯疾也!"

【注释】

① 伯牛:即冉耕,字伯牛。鲁国人。孔子的弟子。《孔子家语·七十二弟子解》说他"以德行著名"。他曾做过鲁国的"中都宰",因病早逝,孔子因此很难过。冉耕与冉有、冉雍是兄弟,都是孔子弟子。

② 问:慰问,探望。

③ 牖(yǒu):窗户。孔子为何从窗户握着伯牛的手?据

毛奇龄《四书剩言》考证，伯牛的病可能是癞，也就是麻风病，这是传染病，所以孔子不进屋，而从窗户握着伯牛的手。汉儒多持此说。宋代的朱熹在《论语集注》中认为，根据古礼，病人一般待在自家房屋的北墙下，君王来探视的话，病人就移到南窗下，让君王可以面南探视。伯牛是以这样的礼对待孔子，故孔子不敢进屋，只从窗户握着伯牛的手探视。

④ 执：拿着，握着。

⑤ 亡：死亡，引申为病可能治不好了。何晏《论语集解》引孔安国注："亡，丧也。"

⑥ 夫：助词，文言文中用于句末，表示感叹或疑问。

【译文】

伯牛生了病，孔子去慰问他，从窗子握着他的手，说："他的病可能治不好了，这是命呀！这样的人却得了这样的病！这样的人却得了这样的病！"

6.11 子曰："贤哉，回也！一箪①食，一瓢饮，在陋巷，人不堪②其忧，回也不改其乐。贤哉，回也！"

【注释】

① 箪（dān）：古人盛饭的竹器。

② 堪：忍受。

【译义】

　　孔子说："贤人呀，颜回！一竹筐饭，一瓢水，居住在简陋的巷子里，别人都不能忍受这种艰苦生活的忧愁，颜回却没有改变他的快乐。贤人呀，颜回！"

6.12　冉求曰："非不说①子之道，力不足也。"
　　　子曰："力不足者，中道②而废③，今女画④。"

【注释】

① 说：同"悦"，喜欢。
② 中道：中途。
③ 废：停止。
④ 画：止步不前，引申为没有开始走。朱熹《论语集注》："力不足者，欲进而不能。画者，能进而不欲。谓之画者，如画地以自限也。"

【译义】

　　冉求说："我不是不喜欢您讲的道理，是我的能力不够。"孔子说："能力不够的人中途才停止，现在你是还没有开始走。"

6.13 子谓子夏曰:"女为君子儒①,无为小人儒②。"

【注释】
① 君子儒:儒的本义是在各种仪式上的相礼之人,从孔子开始,儒逐渐摆脱了相礼之人的含义,专指通晓礼乐的读书人。君子儒指的是通晓道的人。
② 小人儒:程树德《论语集释》认为,小人儒指的是致力于训诂章句、见识偏颇狭窄的人。

【译义】
孔子对子夏说:"你要做君子儒,不要做小人儒。"

6.14 子游为武城宰。子曰:"女得①人焉尔乎?"曰:"有澹台灭明②者,行不由径③,非公事,未尝④至于偃之室也。"

【注释】
① 得:获得,发现。
② 澹(tán)台灭明:复姓澹台,名灭明,字子羽。武城人。是子游做"武城宰"时发现的人才,小孔子49岁,是孔子晚期的弟子。曾做过鲁国的大夫。《史记·仲尼弟子列传》记载他曾因为"状貌甚恶"被孔子认

为"材薄"。澹台灭明到了江南,弟子有三百多人,在诸侯间名望很高。孔子知道后,遗憾地说:"以貌取人,失之子羽。"《孔子家语·弟子行》中孔子评价他"贵之不喜,贱之不怒,苟利于民矣,廉于行己,其事上也,以佑其下"。可见孔子对他非常欣赏。

③ 径:小路,小道。

④ 未尝:未曾。

【译义】

子游做了武城的地方官。孔子说:"你在那里发现人才了吗?"子游回答说:"有个叫澹台灭明的人,走路从不走小路,不是公事,从不到我屋子里来。"

6.15 子曰:"孟之反①不伐②。奔③而殿④,将入门,策⑤其马,曰:'非敢后也,马不进也。'"

【注释】

① 孟之反:鲁大夫,名侧,字之反。鲁国三桓孟孙氏的旁支。

② 伐:自夸。

③ 奔:快走,引申为军队溃败。

④ 殿:断后。何晏《论语集解》引马融注:"殿在军后。

前日启,后日殿。"

⑤ 策:鞭打。

【译义】

孔子说:"孟之反不喜欢自夸。军队溃败时,他断后。将要进入城门的时候,他鞭打着自己的马,说:'不是我敢断后,是马不肯快走'。"

6.16 子曰:"不有祝鲍①之佞②,而有宋朝③之美,难乎免④于今之世矣。"

【注释】

① 祝鲍(tuó):祝氏,名佗,字子鱼,又称祝鲍。卫国太祝,以口才知名。太祝是负责天子宗庙事务的官员。
② 佞:巧言善辩。
③ 宋朝:即宋子朝,子姓,朝为名。宋国公子。以人美知名,做过卫国大夫。何晏《论语集解》引孔安国注:"宋朝,宋之美人而善淫。"
④ 免:避开,逃脱。

【译义】

孔子说:"没有祝鲍的口才,而仅有宋子朝的美貌,在当今之世是很难避免灾祸的。"

6.17 子曰:"谁能出不由户①?何②莫③由斯道也?"

【注释】

① 户:房门。
② 何:为何。
③ 莫:没有(人)。

【译义】

孔子说:"谁能走出房屋而不经过房门?为何没人循我指出的道路而行呢?"

6.18 子曰:"质①胜②文③则野④,文胜质则史⑤。文质彬彬⑥,然后君子。"

【注释】

① 质:内在的本质。
② 胜:超越,超过。
③ 文:外在的文饰。
④ 野:粗鄙无礼。
⑤ 史:浮夸。
⑥ 彬彬:各种不同事物配合适当的样子。

【译义】

孔子说:"本质胜过文饰就粗鄙,文饰胜过本质就浮夸,文饰与本质配合适当,这样才是君子。"

6.19 子曰:"人之生①也直②,罔③之生也幸④而免⑤。"

【注释】

① 生:生存,生活。
② 直:正直。
③ 罔:不正直(的人)。
④ 幸:侥幸。
⑤ 免:避免、躲避(灾祸)。

【译义】

孔子说:"人的生存靠的是正直,不正直的人的生存靠的是侥幸避免灾祸。"

6.20 子曰:"知之者不如好之者,好之者不如乐之①者。"

【注释】

① 乐(lè)之：以之为乐。

【译义】

孔子说："对于学习来说，懂得它的人不如喜好它的人，喜好它的人不如以它为乐的人。"

6.21 子曰："中人以上①，可以语②上也；中人以下，不可以语上也。"

【注释】

① 上：高深的学问。
② 语：告诉。

【译义】

孔子说："中等水平以上的人，可以告诉他高深的学问，中等水平以下的人，不可以告诉他高深的学问。"

6.22 樊迟问知。子曰："务①民之②义，敬③鬼神而远④之，可谓知矣。"问仁。曰："仁者先难⑤而后获⑥，可谓仁矣。"

【注释】

① 务：从事，致力于。
② 之：往，到。
③ 敬：敬重，恭敬。
④ 远：避开，远离。
⑤ 难：艰苦努力。
⑥ 获：收获。

【译文】

　　樊迟请教怎么样做才是智。孔子说："致力于让民众趋向义，敬重鬼神但要远离它们，这样做就可以称为智了。"樊迟请教怎么样做才是仁。孔子说："仁人是先艰苦努力而后有所收获，这样做就可以称为仁了。"

6.23　子曰："知者乐水，仁者乐山。知者动，仁者静。知者乐，仁者寿。"

【注释】

① 乐（yào）：喜好。

【译文】

　　孔子说："智者喜好水，仁者喜好山。智者活跃，仁者沉静。智者快乐，仁者长寿。"

6.24 子曰:"齐一变,至于鲁;鲁一变,至于道。"

【译义】

孔子说:"齐国经过改变,就能达到鲁国的程度;鲁国经过改变,就能达到先王之道了。"

6.25 子曰:"觚①不觚,觚哉!觚哉!"

【注释】

① 觚(gū):古代酒器,青铜制,盛行于中国商代和西周初期,喇叭形口,细腰,高圈足。

【译义】

孔子说:"觚不像个觚了,这还算是觚吗!这还算是觚吗!"

6.26 宰我问曰:"仁者,虽①告之曰:'井有仁②焉。'其从③之也?"子曰:"何为其然也?君子可逝④也,不可陷⑤也;可欺⑥也,不可罔⑦也。"

【注释】

① 虽：就算。

② 仁：同"人"。

③ 从：跟从，跟着。

④ 逝：往、去（救人）。

⑤ 陷：设计害人，指诱之落井。

⑥ 欺：哄骗。

⑦ 罔：愚弄。

【译文】

宰我请教孔子说："对于有仁德的人，就算告诉他说：'井里有人。'他会跟着下去吗？"孔子说："为何要这样做呢？君子可以去救人，但不可以诱他入井；君子可以被欺骗，但不可以被愚弄。"

6.27 子曰："君子博学于文，约之以礼，亦可以弗畔①矣夫②！"

【注释】

① 畔：同"叛"，离经叛道之义。何晏《论语集解》引郑玄注："弗畔，不违道也。"

② 夫（fú）：文言文中用于句末，表示感叹或疑问。

【译义】

孔子说:"君子广泛地学习了文化典籍,再用礼来加以约束,也就可以不离经叛道了!"

6.28 子见南子①,子路不说。夫子矢②之曰:"予所否③者,天厌④之!天厌之!"

【注释】

① 南子:宋国人,子姓,以南为氏。卫灵公的夫人。传说她美而淫,与宋子朝私通,在民众中的口碑很差。据《左传》载,当时的人称南子为"娄猪"。子见南子一事除了《论语》外,还在《史记·仲尼弟子列传》《左传·定公十四年》等书中有记载。

② 矢:发誓。

③ 否:不对的事情。朱熹《论语集注》:"否,谓不合于礼,不合于道也。"

④ 厌:厌弃。

【译义】

孔子见了南子,子路不高兴。孔子发誓说:"我假如做了不对的事情,上天会厌弃我!上天会厌弃我!"

6.29 子曰:"中庸①之为德也,其②至③矣乎! 民鲜④久矣。"

【注释】

① **中庸**:不偏不倚的平常道理,待人处事不偏不倚、无过无不及。朱熹《论语集注》:"中者,无过无不及之名也。庸,平常也。"
② **其**:殆,大概,表示揣测。
③ **至**:极,最。
④ **鲜**:缺少。

【译文】

孔子说:"中庸作为一种道德,大概是最高的了! 民众缺少它很久了。"

6.30 子贡曰:"如有博①施②于民而能济③众,何如? 可谓仁乎?"子曰:"何事于仁④! 必也圣乎! 尧⑤、舜⑥其犹病⑦诸! 夫仁者,己欲立⑧而立人,己欲达⑨而达人。能近取譬⑩,可谓仁之方也已。"

【注释】

① **博**:广泛。
② **施**:给予。

③ 济：救助。

④ 何事于仁：何止于仁。

⑤ 尧：伊祁姓，陶唐氏，名放勋。起初被封于陶，后迁徙到唐所以又被称为唐尧。传说尧13岁时辅佐帝挚，因他的圣明，9年后，帝挚把帝位禅让给了他。尧继位后，他宵衣旰食、生活俭朴、勤于政事。他为了鼓励民众建言献策，设立了谏鼓、谤木。在尧的治理下，国家社会和谐、民众幸福。在尧年老后，因舜持守孝道，就把帝位禅让给了舜，还把自己的两个女儿嫁给了他，并派自己的9个儿子辅佐舜。

⑥ 舜：名重华，生于姚墟，故为姚姓。后居于妫水之边，又为妫姓，有虞氏，也称虞舜。舜的父亲是个盲人，性格顽固，宠爱后妻及其子女，他们都想杀死舜，但舜不仅成功躲避了迫害，还用自己对家人的爱感动了天地。《二十四孝》中的"孝感天地"就是舜的这段故事，舜也因自己的孝道被尧禅让了帝位。舜执政时，任用了5位贤臣，从而实现了太平盛世，所以《论语·泰伯》说"舜有臣五人，而天下治"。舜年老后，把帝位禅让给了因成功治水，在民众中威望极高的禹。

⑦ 病：忧虑，担心。

⑧ 立：立身处世。

⑨ 达：通达，练达。

⑩ 譬：打比方。能从自身周边打比方，引申为推己及人。朱熹《论语集注》："近取诸身，以己所欲，譬之他人，知其所欲亦犹是也。然后推其所欲以及乎人，则恕之事而仁之术也。"

【译文】

　　子贡说:"如果有人广泛地给予民众恩惠又能救助他们,怎么样? 他可以称得上是仁人吗?"孔子说:"何止是仁人! 一定是圣人了! 尧、舜大概还担心能不能做到呢! 仁人自己想在社会上立身处世,也让别人能立身处世,自己想通达,也让别人能通达。凡事都能推己及人,这可以称为践行仁的方法了。"

述而第七

论语译注

7.1 子曰:"述①而不作②,信而好古,窃③比于我老彭④。"

【注释】

① 述:阐述。
② 作:创作。
③ 窃:私下,用来谦指自己见解的不确定。
④ 老彭:彭姓,名篯(jiǎn),一作鬻,又名铿,或称篯铿。何晏《论语集解》引包咸注说他是"殷贤大夫,好述古事"。孔子、庄子、荀子、吕不韦等都谈到过老彭,西汉刘向把他放入了《列仙传》,彭祖从此成了神话中的人物。道家把彭祖奉为先驱,马王堆帛书、张家山汉简、上博楚简都提到过彭祖。但邢昺在《论语注疏》中引王弼的话,认为老彭指的是两个人,"老是老聃,彭是彭祖"。

【译义】

孔子说:"只阐述而不创作,相信并喜好古代的东西,我私下把自己比作老彭。"

7.2 子曰:"默而识①之,学而不厌②,诲③人不倦,何有④于我哉?"

【注释】

① 识（zhì）：同"志"，记住。朱熹《论语集注》："识，记也。默识，谓不言而存诸心也。"

② 厌：满足。

③ 诲：教导。

④ 何有：有什么难的。刘宝楠《论语正义》："何有，皆为不难之事。"

【译义】

孔子说："默默地记住所学的内容，努力学习并且不觉得满足，教导别人而不知疲倦，这对于我有什么难的呢？"

7.3 子曰："德之不修①，学②之不讲③，闻义不能徙④，不善不能改，是吾忧也。"

【注释】

① 修：修养。

② 学：学问。

③ 讲：讲习。

④ 徙：趋赴，引申为去做。

【译义】

孔子说："品德不去修养，学问不去讲求，听到义却不能去做,有了过错不能改正,这些都是我所忧虑的。"

7.4 子之燕居①,申申②如也,夭夭③如也。

【注释】

① 燕居:燕同"晏",安闲。燕居指闲居。朱熹《论语集注》:"燕居,闲暇无事之时。"
② 申申:怡然自得的样子。何晏《论语集解》引马融注:"申申、夭夭,和舒之貌。"
③ 夭夭:和颜悦色的样子。

【译文】

孔子闲居时,怡然自得,和颜悦色。

7.5 子曰:"甚矣吾衰也!久矣吾不复梦见周公①。"

【注释】

① 周公:姬姓,周氏,名旦,谥号文,又称周文公、周公。周文王姬昌的第四子,武王姬发的弟弟。周公辅佐武王克殷建立了周朝,在武王去世后,继续辅佐武王年幼的儿子周成王。周朝初建时分封各诸侯国,周

公被分到鲁国,但由于周公正辅政不能去就职,周公的儿子伯禽就顶替父亲做了鲁国国君。由于周公对周的巨大贡献,鲁国可使用周天子的礼仪规范。在后来周室衰微、礼崩乐坏之际,鲁国成了周礼保存最完整的地方,所以韩宣子在考察鲁国后,会感慨说"周礼尽在鲁矣"。周公辅政期间,他制礼作乐、平定管蔡之乱,巩固了周王朝的统治。周成王成年后,周公把政权归还给成王。周公不贪恋权力的品德,成了后世辅政的典范。周公是孔子眼中伟大的圣人,孔子的克己复礼就是要恢复周公制定的周礼。

【译文】

孔子说:"我衰老得很厉害了!我很长时间没有再梦到周公了。"

7.6 子曰:"志于道,据①于德,依②于仁,游于艺③。"

【注释】

① 据:根据。

② 依:凭借。

③ 游于艺:朝夕潜心于六艺之中。朱熹《论语集注》:"游者,玩物适情之谓。艺,则礼乐之文射御书数之

法，皆至理所寓而日用之不可阙者也。朝夕游焉以博其义理之趣，则应务有余，而心亦无所放矣。"

【译义】

孔子说："以道为志向，以德为根据，以仁为凭借，朝夕潜心于六艺之中。"

7.7 子曰："自行①束脩②以上，吾未尝③无诲焉。"

【注释】

① 自行：主动。

② 束脩（xiū）：束是扎在一起成一束，脩是干肉条。束脩是古代常见的见面礼物，也指老师的酬金。古注中一般有三种解释，一是约束、修养自身，桑弘羊、郑钧、桓范持此义；二是指年十五以上，此时儿童束带修饰外出就学，郑玄等持此义；三是贽见物，引申为老师的酬金。

③ 未尝：没有。

【译义】

孔子说："主动送给我十条以上干肉的人，我没有不教诲的。"

7.8 子曰："不愤①不启，不悱②不发③。举④一隅⑤不以三隅反，则不复⑥也。"

【注释】

① 愤：憋在心里、苦思冥想而仍然不明白。

② 悱：想说，但不能恰当地说出来。

③ 发：启发。

④ 举：告诉。

⑤ 隅：角落，局部，事物的一端或一面。

⑥ 复：再，又。

【译义】

孔子说："教育学生时，不到他苦思冥想而仍然领会不了的时候，不去开导他；不到他想说又说不出来的时候，不去启发他。告诉他一件事情，他不能举一反三，就不再告诉他第二次了。"

7.9 子食于有丧者①之侧，未尝饱也。

【注释】

① 有丧者：服丧者。

【译义】

孔子在服丧者旁边吃饭，从没有吃饱过。

7.10 子于是日①哭，则不歌。

【注释】

① 是日：这一天，指吊丧的这一天。

【译义】

孔子在吊丧的这一天里哭过，就不再唱歌。

7.11 子谓颜渊曰："用①之则行②，舍③之则藏④，惟我与尔有是夫！"子路曰："子行⑤三军，则谁与？"子曰："暴虎⑥冯河⑦，死而无悔者，吾不与也。必也临事而惧⑧，好谋而成⑨者也。"

【注释】

① 用：任用。

② 行：做事，出仕。

③ 舍：不被任用。

④ 藏：躲避起来，隐退。

⑤ 行：率领。

⑥ 暴虎：徒手和虎搏斗。何晏《论语集解》引孔安国注："暴虎，徒搏。"

⑦ 冯（píng）河：徒步过河。何晏《论语集解》引孔安国

注:"冯河,徒涉。"

⑧ 惧:谨慎,警惕。

⑨ 成:成事。

【译义】

孔子对颜回说:"被任用就出来做事,不被任用就隐退,只有我和你是这样的人了。"子路说:"如果您统帅三军,那么会与谁在一起呢?"孔子说:"徒手和老虎搏斗,徒步过河,死了也不后悔的人,我是不会和他在一起的。和我在一起的,一定是遇事谨慎,善于谋划而能成事的人。"

7.12 子曰:"富①而可求②也,虽③执鞭④之士,吾亦为之。如不可求,从⑤吾所好。"

【注释】

① 富:财物充裕,富有。

② 求:谋求。

③ 虽:纵然。

④ 执鞭:拿着鞭子。皇侃《论语义疏》引缪协云:"袁氏曰:'执鞭,君之御士,亦有禄位于朝也。'"朱熹《论语集注》:"执鞭,贱者之事。"

⑤ 从:顺从,指依照自己的喜好(去做事)。

【译义】

孔子说:"财富如果是可以谋求的,纵然是拿着鞭子的差事,我也去做。如果不能谋求,我还是做我喜欢的事情。"

7.13 子之所慎①:齐②、战、疾。

【注释】

① 慎:谨慎。
② 齐:同"斋",斋戒。

【译义】

孔子慎重对待的是斋戒、战争、疾病三件事情。

7.14 子在齐闻《韶》,三月不知肉味,曰:"不图①为②乐之至于斯也。"

【注释】

① 图:料到,想到。
② 为:做,行,引申为演奏。

【译义】

孔子在齐国听到《韶》乐,很长时间吃肉都不知道肉的味道。说:"想不到演奏乐曲可以达到这样的境界。"

7.15 冉有曰:"夫子为①卫君②乎?"子贡曰:"诺,吾将问之。"入,曰:"伯夷、叔齐何人也?"曰:"古之贤人也。"曰:"怨③乎?"曰:"求仁而得仁,又何怨?"出,曰:"夫子不为也。"

【注释】

① 为:帮助。朱熹《论语集注》:"为,犹助也。"
② 卫君:卫出公,姬姓,卫氏,名辄。卫国第29代国君。卫出公八年(公元前485年),孔子曾来到卫国,仅待一年就返回了鲁国。卫出公在与父亲争王位的内乱中,子路参与其中,最后被砍成了肉酱。卫出公两次被赶出了卫国,他被谥为"出"应该与这两次出逃的经历有关。
③ 怨:怨言,抱怨。

【译义】

冉有说:"老师会帮助卫国国君吗?"子贡说:"好的,我正想进去向老师请教。"子贡进去对孔子说:"伯夷、叔齐是什么样的人呢?"孔子说:"古代的贤人。"子贡说:"他们有怨恨吗?"孔子说:"他们求仁便得到了仁,又有什么怨恨呢?"子贡出来对冉有说:"老师不会帮助卫国国君。"

7.16 子曰:"饭① 疏② 食,饮水③,曲肱④ 而枕之,乐亦在其中矣。不义而富且贵,于我如浮云。"

【注释】

① 饭:吃饭。
② 疏:粗劣。
③ 水:凉水。
④ 肱:胳膊由肘到肩的部分,指胳膊。

【译义】

　　孔子说:"吃粗劣的食物,喝凉水,弯着胳膊当枕头,快乐也就在这之中了。用不义的手段得到的富贵,对于我好像是浮云。"

7.17 子曰:"加我数年,五十以学《易》,可以无大过矣。"

【注释】

① 《易》:《易经》,又称《周易》,古代用以占筮的书。

【译义】

孔子说:"再让我多活几年,到五十岁学习《易经》,便可以没有大的过错了。"

7.18 子所①雅言②,《诗》、《书》、执礼③,皆雅言也。

【注释】

① 所: 助词,虚字,置于动词前。
② 雅言: 以陕西语音为标准音的周代的官方语言,这里名词动用,指讲雅言。
③ 执礼: 赞礼。俞樾《群经平议》:"孔子执礼之时,苟有所言,如《乡党》所记'宾不顾矣'之类,皆正言其音,不杂以方言俗语,故曰'执礼皆雅言也'。"

【译义】

孔子有时讲雅言,读《诗》、《书》、赞礼时,用的都是雅言。

7.19 叶公①问孔子于子路,子路不对。子曰:"女奚不曰:'其为人也,发愤忘食,乐以忘忧,不知老之将至云尔②。'"

【注释】

① 叶(古读shè)公:沈氏,名诸梁,字子高,楚国人。因封地在叶,故称叶公。叶公曾因平定楚国的白公之乱,被加封为楚国的令尹和司马,权倾一时。几年后,叶公让贤,回到叶地终老。

② 云尔:而已,罢了。

【译文】

叶公向子路打听孔子,子路没有回答。孔子对子路说:"你为何不说:'他做人呀,发愤得忘了吃饭,快乐得忘了忧愁,连自己快要老了也不知道,如此而已。'"

7.20 子曰:"我非生而知之者,好古,敏①以求之者也。"

【注释】

① 敏:勤勉。

【译文】

　　孔子说:"我不是生下来就有知识的人,而是喜好古代的东西,勤勉地求得知识的人。"

7.21　子不语怪①、力②、乱③、神。

【注释】

① 怪:怪异。
② 力:暴力。
③ 乱:悖乱,悖理乱常。

【译文】

　　孔子不谈论怪异、暴力、悖乱、鬼神。

7.22　子曰:"三人行,必有我师焉。择其善者而从之,其不善者而改之。"

【译文】

　　孔子说:"几个人一起走路,其中一定有人可做我的老师。我选择他们的优点去学习;他们的缺点,如果我也有,就自己改掉。"

7.23 子曰:"天生①德于予,桓魋②其如予何?"

【注释】

① 生:赋予。
② 桓魋(tuí):又称向魋,子姓,向氏,名魋。宋国司马,他的弟弟司马牛是孔子弟子。宋景公因为宠信桓魋还引起了宋国内乱。公元前493年,孔子周游列国时,经过宋国,在一个树下与弟子演礼,桓魋拔了大树想谋害孔子,所以孔子说:"天生德于予,桓魋其如予何?"

【译义】

　　孔子说:"上天把德行赋予了我,桓魋能把我怎么样呢?"

7.24 子曰:"二三子①以我为隐②乎?吾无隐乎尔。吾无行③而不与④二三子者,是丘也。"

【注释】

① 二三子:诸位弟子,译为你们、诸位。
② 隐:隐藏,隐瞒。
③ 行:行为举止。

④与:公开。朱熹《论语集注》:"与,犹示也。"

【译义】

孔子说:"你们这些学生认为我有隐瞒吗?我对你们没有隐瞒。我没有任何事情不是向你们公开的,这就是我的为人。"

7.25 子以四教:文①、行②、忠、信。

【注释】

① 文:诗书礼乐等典籍,引申为文献。金履祥《论语集注考证》:"文者,诗书六艺之文。"
② 行:践行。

【译义】

孔子用四种内容教育学生:文献、践行、忠诚、守信。

7.26 子曰:"圣人,吾不得①而见之矣,得见君子者,斯可矣。"子曰:"善人,吾不得而见之矣,得见有恒者②,斯可矣。亡③而为④有，虚⑤而为盈⑥，约⑦而为泰⑧，难乎有恒矣。"

【注释】

① 不得：不能。
② 有恒者：长期有操守的人。
③ 亡（wú）：没有。
④ 为：当作，装作。
⑤ 虚：空虚。
⑥ 盈：盈满，充实。
⑦ 约：贫困。
⑧ 泰：舒适、富有。

【译文】

孔子说："圣人，我是不能见到了，能见到君子，这就可以了。"孔子说："善人，我是不能见到了，能见到长期有操守的人，这就可以了。没有却装作有，空虚却装作充实，贫困却装作富有，这样的人是很难长期保持操守的。"

7.27 子钓①而不纲②，弋③不射宿④。

【注释】

① 钓：只有一个鱼钩的钓竿。

② 纲：提网的总绳，此处指捕鱼的网。
③ 弋：用带绳子的箭射鸟。朱熹《论语集注》："以生丝系矢而射也。"
④ 宿：还巢歇宿的鸟。

【译义】
　　孔子只用钓竿钓鱼而不用网，只用带绳子的箭射鸟但不射还巢歇宿的鸟。

7.28　子曰："盖①有不知而作②之者，我无是也③。多闻，择其善者而从之；多见而识之，知之次④也。"

【注释】
① 盖：可能。
② 作：凭空妄作。
③ 我无是也：我没有做过这样的事情。朱熹《论语集注》："孔子自言未尝妄作。"
④ 次：次一等。

【译义】
　　孔子说："可能有自己什么都不懂却凭空妄作的人，我没有做过这样的事情。多听，选择其中好的来学习；多见，然后记住。比起生而知之，这是次一等的知了。"

7.29 互乡①难与言②，童子见③，门人惑。子曰："与④其进⑤也，不与其退也，唯何甚？人洁⑥己以进，与其洁也，不保⑦其往⑧也。"

【注释】

① 互乡：乡名。何晏《论语集解》引郑玄注："互乡，乡名也。其乡人言语自专，不达时宜。"
② 言：交流，交谈。
③ 见：见到（孔子）。
④ 与：赞许，肯定。
⑤ 进：进步。
⑥ 洁：修治改过，修身。
⑦ 保：追究。
⑧ 往：过去。

【译义】

互乡那个地方的人很难于交流，但互乡的一个小孩却见到了孔子，弟子们很疑惑。孔子说："我是肯定他的进步，不是肯定他的退步，何必做得太过分呢？别人修身以求进步，我是肯定他的修身，不是追究他的过去。"

7.30 子曰:"仁远乎哉?我欲仁,斯仁至矣。"

【译义】

孔子说:"仁难道离我很远吗?我想要达到仁,仁就达到了。"

7.31 陈司败①问:"昭公②知礼乎?"孔子曰:"知礼。"孔子退③,揖④巫马期而进之,曰:"吾闻君子不党⑤,君子亦党乎?君⑥取⑦于吴,为同姓⑧,谓之吴孟子。君而知礼,孰不知礼?"巫马期以告。子曰:"丘也幸,苟有过,人必知之。"

【注释】

① **陈司败**:具体资料已不可考。可能是人名,也可能是陈姓的一位司败,也可能是陈国的一位司败。司败可能是负责司法的官员,职责类似于司寇。
② **昭公**:即鲁昭公,姬姓,名稠。鲁国第24代国君。因斗鸡之变,攻打三桓之一的季氏,被季平子打败,逃离鲁国,最后客死晋国。
③ **退**:离开。
④ **揖**:作揖。
⑤ **党**:偏袒,偏私。何晏《论语集解》引孔安国注:"相

助匿非曰党。"

⑥ 君：指昭公。

⑦ 取：同"娶"。

⑧ 同姓：吴国的第一位国君是泰伯，他是周部落首领古公亶父的长子，因不愿与自己的弟弟季历争夺王位而避居东南，建立了吴国。据说，泰伯为了把王位让给弟弟，有"泰伯三让"的故事：生一让，太王病、采药不归；死一让，死不奔丧、丧事除；又一让，断发文身，示不可用。孔子称赞泰伯是至德。鲁昭公是周公的后代，与吴国是同姓。根据同姓不婚的周礼，鲁昭公娶吴国同姓女子是违反了周礼，并且在称呼上还进行了掩饰。根据习惯，春秋时国君夫人的称呼一般是她的出生之国再加上她的姓，所以应该称为吴姬。但鲁昭公怕人知道吴姬是同姓，就称呼她为吴孟子。

【译义】

陈司败请教孔子说："鲁昭公知礼吗？"孔子说："知礼。"孔子离开后，陈司败向巫马期作揖请他进来，说："我听说君子无所偏袒，难道孔子也有偏袒吗？鲁昭公娶的是吴国同姓女子，还称她为吴孟子。如果鲁昭公知礼的话，谁还不知礼？"巫马期把这话告诉了孔子。孔子说："我真幸运，如果有过错，别人一定会知道。"

7.32 子与人歌而善①，必使反②之，而后和③之。

【注释】

① 善：唱得好。

② 反：再（唱一遍）。

③ 和（hè）：跟着唱。

【译义】

　　孔子与别人一起唱歌，如果别人唱得好，他一定让对方再唱一遍，然后再跟着和。

7.33 子曰："文，莫①吾犹人也。躬行君子，则吾未之有得。"

【注释】

① 莫：大概。

【译义】

　　孔子说："文献典籍，我大概和别人掌握的差不多。践行君子，我却没有取得什么成就。"

7.34 子曰："若①圣与仁，则②吾岂敢③？抑④为⑤之不厌⑥，诲人不倦，则可谓云尔⑦已矣。"公西华曰:"正唯⑧弟子不能学也。"

【注释】

① 若: 如果。
② 则: 那么。
③ 岂敢: 怎么敢(当)。
④ 抑: 文言连词,表转折,不过。
⑤ 为: 做事情。
⑥ 厌: 满足。
⑦ 云尔: 而已,罢了。
⑧ 唯: 助词,表肯定。

【译义】

孔子说:"如果说到圣人和仁人,那我怎么敢当?我不过是做事情不觉得满足,教导别人不知道疲倦,就可以这样说罢了。"公西华说:"这正是我们学不到的。"

7.35 子疾病①,子路请祷。子曰:"有诸②?"子路对曰:"有之。《诔》③曰:'祷尔于上下神祇。'"子曰:"丘之祷久矣。"

【注释】

① 疾病: 疾是小病,病是大病,疾病连用表示病情严重。

② **有诸**："有之乎"的合音，有这回事吗？这里指"有生病就向鬼神祷告的事情吗？"

③ **诔**：文体名，一种哀祭文，是叙述死者生前德行、功业的韵文。

【译文】

孔子生了重病，子路向孔子请求向鬼神祈祷。孔子说："有这样的事吗？"子路回答说："有的。《诔》上说：'为你向天地神祇祈祷。'"孔子说："我祈祷已经很久了。"

7.36 子曰："奢①则不孙②，俭③则固④。与其不孙也，宁固。"

【注释】

① **奢**：奢侈。
② **孙**：同"逊"，谦让，谦逊，恭顺。
③ **俭**：俭朴。
④ **固**：寒酸。

【译文】

孔子说："奢侈就显得骄傲，俭朴就显得寒酸。与其骄傲，宁可寒酸。"

7.37 子曰:"君子坦荡荡,小人长①戚②戚。"

【注释】
① 长:时间久,经常。
② 戚:忧愁。

【译义】
　　孔子说:"君子心地坦荡,小人经常忧愁。"

7.38 子温而厉,威而不猛,恭而安。

【译义】
　　孔子温和而严厉,威严而不凶猛,谦恭而安详。

泰伯第八

8.1 子曰:"泰伯①,其可谓至②德也已矣。三以天下让,民无得而称焉。"

【注释】
① 泰伯:参见7.31注⑧。
② 至:极,最,甚。

【译义】
孔子说:"泰伯,他可以说是品德最高的人了。多次把王位让给弟弟,民众简直不知道用什么话来称颂他了。"

8.2 子曰:"恭而无礼则劳①,慎而无礼则葸②,勇而无礼则乱③,直④而无礼则绞⑤。君子笃⑥于亲,则民兴⑦于仁;故旧⑧不遗⑨,则民不偷⑩。"

【注释】
① 劳:徒劳。
② 葸(xǐ):畏惧,害怕。何晏《论语集解》:"葸,畏惧貌。"
③ 乱:犯上作乱。
④ 直:直率。
⑤ 绞:急切,尖刻。何晏《论语集解》:"绞,急切也。"

⑥ 笃：厚待。
⑦ 兴：发动，引申为致力于。何晏《论语集解》引包咸注："兴，起也。君能厚于亲属，不忘遗其故旧，行之美者也，则民皆化之，起为仁厚之行，不偷薄也。"
⑧ 旧：有交情，有交情的人。
⑨ 遗：抛弃。
⑩ 偷：刻薄无情。

【译义】

孔子说："只是恭敬而不知礼就会徒劳，只是谨慎而不知礼就会畏惧，只是勇敢而不知礼就会犯上作乱，只是直率而不知礼就会说话尖刻。君子如果厚待亲人，民众就会致力于仁；君子如果不抛弃故交旧友，民众就不会刻薄无情。"

8.3 曾子有疾，召门①弟子曰："启②予足，启予手。《诗》云：'战战③兢兢④，如临深渊，如履薄冰。'而今而后，吾知免夫，小子！"

【注释】

① 门：宗教的教派或学术思想的派别。
② 启：同"晵"，视也。《孝经》上说："身体发肤，受之父母，不敢毁伤，孝之始也。"曾子病重不起，让弟子

们看看自己的四肢是否有毁伤。启在古注中一般有两种解释。一是看看，如刘宝楠《论语正义》引《说文》："启，省视也"，王念孙、杨伯峻等持此义；二是打开，如何晏《论语集解》引郑玄注："启，开也"，也就是"开其衾而视"的意思，朱熹等持此义。

③ 战战：恐惧的样子。

④ 兢兢：小心谨慎的样子。

【译义】

曾子病了，召集弟子们说："看看我的脚、看看我的手有没有损伤。《诗》上说：'小心谨慎呀！好像站在深渊边，好像踩在薄冰上。'从今以后，我知道我的身体是不会再受损伤了，弟子们！"

 8.4 曾子有疾，孟敬子①问之。曾子言曰："鸟之将死，其鸣也哀；人之将死，其言也善。君子所贵乎道者三：动②容貌，斯远暴③慢④矣；正⑤颜色⑥，斯近信矣；出⑦辞气⑧，斯远鄙倍⑨矣。笾豆之事⑩，则有司⑪存⑫。"

【注释】

① 孟敬子：姬姓，名捷，世称仲孙捷，谥号敬。鲁国孟孙氏第11代宗主。何晏《论语集解》引马融注："孟敬

子,鲁大夫仲孙捷。"

② 动:变严肃。

③ 暴:粗暴。

④ 慢:傲慢。

⑤ 正:变端庄。

⑥ 颜色:脸色。

⑦ 出:说话。

⑧ 辞气:言辞和语气。

⑨ 倍:同"悖",悖理。

⑩ 笾(biān)豆之事:笾,古代祭祀和宴会时盛果品等的竹器;豆,古代一种盛食物的器皿。笾豆之事指的是祭祀和典礼的事情。皇侃《论语义疏》引缪协语:"笾豆,礼器,可以致敬于宗庙者。"

⑪ 有司:有专门的官员。古代设官分职,各有专司,故称有司。

⑫ 存:处理。

【译文】

曾子病了,孟敬子去探望他。曾子对他说:"鸟将要死亡时,它的叫声是悲伤的;人将要死亡时,他的话也是善意的。君子应该重视道德的三个方面:表情严肃,这可以让自己远离粗暴傲慢;脸色端庄,这可以让人觉得自己诚实守信;说话谨慎,这可以让自己远离粗俗悖理。至于祭祀和典礼的事情,有专门的官员负责处理。"

8.5 曾子曰:"以能①问于不能,以多问于寡;有若无,实若虚,犯而不校②。昔者吾友尝从事③于斯矣!"

【注释】

① 能:有才能的人。

② 校:抵抗,计较。

③ 从事:做……事。

【译义】

曾子说:"有才能却向没有才能的人请教,懂的知识多却向懂的知识少的人请教;有学问好像没有学问一样,满腹诗书好像空无一物一样,被冒犯也不计较。以前我的一位朋友曾经是这样做的。"

8.6 曾子曰:"可以托①六尺②之孤③,可以寄④百里之命,临大节⑤而不可夺⑥也。君子人与?君子人也。"

【注释】

① 托:托付。

② 六尺:约138.6厘米,形容个子未长高,引申为幼小。

③ 孤:孤儿,此处指幼主。何晏《论语集解》引孔安国

注:"六尺之孤,幼少之君也。"

④ 寄:委托。

⑤ 大节:生死存亡的关头。何晏《论语集解》:"大节者,安国家定社稷也。"

⑥ 夺:动摇。

【译义】

曾子说:"可以把幼小的君主托付给他,可以把国家的命运委托给他,面对生死存亡的关头,他不动摇。这样的人是君子吗?是君子呀!"

8.7 曾子曰:"士不可以不弘毅①,任重而道远。仁以为己任,不亦重乎?死而后已,不亦远乎?"

【注释】

① 弘毅:抱负远大、意志坚定。

【译义】

曾子说:"士不可以不抱负远大、意志坚定,因为他肩负的责任重大,要跋涉的路途遥远。把仁作为自己的责任,难道责任还不重大吗?死了以后才能停止,难道路途还不遥远吗?"

8.8 子曰:"兴①于《诗》,立②于礼,成于乐。"

【注释】
① 兴:激发。
② 立:行为的立脚点。何晏《论语集解》引包咸注:"礼者,所以立身也。"

【译义】
孔子说:"用《诗》激发士气,用礼作为行为的立脚点,用乐完成修养。"

8.9 子曰:"民可使由①之,不可使知之。"

【注释】
① 由:跟随。

【译义】
孔子说:"对于民众,可以让他们跟随命令去做,不可以让他们知道为什么这么做。"

8.10 子曰:"好勇疾贫,乱①也。人而不仁②,

疾之已③甚，乱也。"

【注释】

① 乱：出乱子。
② 人而不仁：不仁之人。
③ 已：太，过。

【译义】

孔子说："好逞勇武而厌恶贫困的人，会出乱子。对不仁之人憎恨太深的人，也会出乱子。"

8.11 子曰："如有周公之才之美，使骄且吝，其余不足观也已。"

【译义】

孔子说："一个人即使有周公那样好的才能，如果骄傲并且吝啬的话，别的方面也就不值得一看了。"

8.12 子曰："三年学，不至于谷①，不易得也。"

【注释】

① 谷：庄稼和粮食的总称，引申为俸禄、仕途。谷在古注

中一般有两种解释。一是善,如何晏《论语集解》引孔安国注:"谷,善也。"二是俸禄,如朱熹《论语集解》:"谷,禄也。"郑玄、毛奇龄等人也持此论。

【译义】

孔子说:"学了三年,还没有考虑仕途,是很难得的。"

8.13 子曰:"笃①信好学,守②死善③道。危邦不入,乱邦不居。天下有道则见④,无道则隐。邦有道,贫且贱焉,耻也;邦无道,富且贵焉,耻也。"

【注释】

① 笃:坚定。
② 守:保持,坚守。
③ 善:喜爱。
④ 见:同"现",出来做官。

【译义】

孔子说:"坚定地相信并努力学习道,誓死维护并喜爱道。危险的国家不进入,动乱的国家不居住。太平盛世就出来做官,乱世就退隐。在太平盛世,如果自己还贫贱的话，是耻辱；在乱世，如果自己还富贵的话，也是耻辱。"

8.14 子曰："不在其位，不谋①其政②。"

【注释】
① 谋：考虑，谋划。
② 政：事情。

【译义】
孔子说："不在那个职位上，就不考虑那个职位上的事情。"

8.15 子曰："师挚①之始②，《关雎》之乱③，洋洋④乎盈耳哉！"

【注释】
① 师挚：鲁国乐师，名挚，《论语·微子》中也称太师挚。
② 始：乐之始。刘台拱《论语骈枝》："始者，乐之始。"
③ 乱：乐之终。刘台拱《论语骈枝》："乱者，乐之终。"
④ 洋洋：美好、美妙的样子。

【译义】

　　孔子说:"从太师挚演奏开始,到演奏《关雎》作为结束,美妙的音乐充满了耳朵!"

8.16　子曰:"狂①而不直②,侗③而不愿④,悾悾⑤而不信,吾不知之矣。"

【注释】

① 狂:狂妄。
② 直:正直。
③ 侗(tóng):幼稚,无知。
④ 愿:谨慎忠厚。
⑤ 悾悾(kōng):(表面)诚恳。李贤注《后汉书·刘瑜传》:"悾悾,诚恳之貌。"

【译义】

　　孔子说:"狂妄而不正直,无知而不谨慎忠厚,表面诚恳而不守信,我不明白人为何会这样。"

8.17　子曰:"学如不及,犹恐失之。"

【译义】

　　孔子说:"学习就像在追赶什么,害怕赶不上,赶上了还害怕被甩掉。"

8.18 子曰:"巍巍①乎！舜、禹②之有天下也而不与③焉。"

【注释】

① **巍巍**：崇高雄伟的样子。
② **禹**：姒姓，夏后氏，传说名文命，后世尊称为大禹。在帝舜时代，中原洪水泛滥，禹用了13年的时间治好了水患。他一心扑在治水上，曾三过家门而不入。因为成功地治理了水患，禹在民众中获得了极高的威望，后来被舜禅让了帝位，他的儿子启建立了中国第一个世袭封建制的朝代——夏。
③ **与**：参与、干预，引申为事必躬亲。与在古注中一般有四义。一是索取、夺取，如何晏《论语集解》："美舜禹己不与求天下而得之也。"二是预见，如皇侃《论语义疏》："一云：孔子叹己不预见舜禹之时也。"三是相关，朱熹《论语集注》："不与，犹言不相关，言其不易位为乐也。"四是参与，如汪沆在《论语集注剩义》引颜师古注："舜禹治天下，委任贤臣，以成其功，而不身亲其事也。"

【译义】

孔子说："多么崇高呀！舜、禹拥有天下却不事必躬亲。"

8.19 子曰:"大①哉尧之为君也!巍巍乎!唯天为大,唯尧则②之。荡荡③乎!民无能名④焉。巍巍乎其有⑤成功也!焕⑥乎其有文章⑦!"

【注释】

① 大:伟大。
② 则:效法。
③ 荡荡:宽广无边的样子,广大,广博。
④ 名:称颂。
⑤ 有:缀词,置于名词前,做音节的衬字。
⑥ 焕:辉煌。
⑦ 文章:礼乐法度。朱熹《论语集注》:"文章,礼乐法度也,尧之德不可名,其可见者此尔。"

【译义】

孔子说:"真伟大呀!尧这样的君主。多么崇高呀!只有天是最高大的,只有尧能效法天。他的恩德真广博呀!民众都不知道该怎么称颂他。他的功绩多么崇高呀!他的礼乐法度多么辉煌呀!"

8.20 舜有臣五人①而天下治②。武王曰:"予有乱臣③十人。"孔子曰:"才④难⑤,不其然乎？唐虞之际，于斯⑥为盛。有妇人焉，九人而已。三分天下有其二，以服事⑦殷。周之德，其可谓至德也已矣。"

【注释】

① 五人：五位贤臣，孔安国和朱熹都认为是禹、稷、契、皋陶、伯益这五人。

② 天下治：天下太平。

③ 乱臣：善于治国的能臣。何晏《论语集解》引马融注："乱，治也。"孔安国、许慎、朱熹等持此义。

④ 才：人才。

⑤ 难：难得。

⑥ 斯：代词，这，指人才。

⑦ 服事：臣服。

【译文】

舜有五位贤臣而实现了天下太平。武王说："我有十个治国能臣。"孔子说："人才难得，不是这样吗？尧舜之际，这个时期人才最盛。十个治国能臣中有一个是女性，所以实际上只有九位。周朝占有三分之二的天下，以这样的实力仍然臣服于商。周朝的德，可称得上是最高的德了。"

8.21 子曰:"禹,吾无间①然矣!菲②饮食而致③孝乎鬼神,恶④衣服而致美乎黻⑤冕⑥,卑⑦宫室而尽力乎沟洫⑧。禹,吾无间然矣!"

【注释】

① 间(jiàn):挑剔,批评。

② 菲:薄,简单。

③ 致:奉献,献纳。

④ 恶:粗劣。

⑤ 黻(fú):礼服。

⑥ 冕:礼帽。

⑦ 卑:低矮。

⑧ 沟洫(xù):沟渠。

【译义】

孔子说:"对于禹,我没什么可批评的了!他饮食简单却尽心祭祀鬼神,他日常衣服粗劣却把祭服做得华美,他住的宫殿低矮却把精力用在整治沟渠上。对于禹,我没什么可批评的了!"

子罕第九

9.1 子罕①言②利，与③命与仁。

【注释】

① 罕：稀少。
② 言：谈论，谈到。
③ 与：赞许，赞同。与在古注中一般有两种解释。一是和，如何晏、程子、朱熹等，认为孔子很少谈到"利""命""仁"；二是赞同，如皇侃等，认为孔子很少讲礼，但赞同命、仁。

【译义】

孔子很少谈到利，但赞同天命和仁德。

9.2 达巷①党人②曰："大哉孔子！博学而无所成名③。"子闻之，谓门弟子曰："吾何执④？执御⑤乎？执射乎？吾执御矣。"

【注释】

① 达巷：名叫达的一条巷，孔子和老子曾在这儿帮人料理过丧事。
② 党人：乡党之人，指住在达巷的居民。
③ 无所成名：不能以某一个方面的专长来称赞。古注历来有三种解释。一是没有一项可以成名的技艺，如何

晏《论语集解》引郑玄注:"此党人之美孔子博学道艺,不成一名也。"朱熹《论语集注》:"盖美其学之博,而惜其不成一艺之名也。"二是不能以某一个方面的专长来称赞,如皇侃《论语义疏》引江熙注:"不可以一艺取名焉。"三是民众不知道如何称赞,如焦循《论语补疏》:"无所成名,即民无能名。"

④ 执:拿着,握着,引申从事、做。

⑤ 御:驾车。

【译义】

达巷的居民说:"孔子真伟大呀!学识渊博,因而不能以某一方面的专长来称赞他。"孔子听到后,对弟子们说:"我做什么好呢?驾车吗?射箭吗?我驾车好了。"

9.3 子曰:"麻冕①,礼也;今也纯②,俭③,吾从④众。拜下⑤,礼也;今拜乎上,泰⑥也。虽违众,吾从下。"

【注释】

① 麻冕:麻布织成的礼帽。

② 纯:丝(冕),丝冕是丝织成的礼帽。

③ 俭:节约,节俭。

④ 从:跟从,依从,引申为赞同。

⑤ 拜下:(先)在堂下拜。
⑥ 泰: 傲慢。

【译文】

孔子说:"用麻布做成的礼帽,是符合礼的;现今用丝做,这样节俭,我赞同大家的做法。臣见君,先在堂下跪拜,然后升堂后再跪拜,这是符合礼的;现在只在堂上跪拜,这是傲慢。虽然违反大家的做法,我仍然赞同先在堂下跪拜。"

9.4 子绝①四:毋意②,毋必③,毋固④,毋我⑤。

【注释】

① 绝: 杜绝。
② 意: 臆测。
③ 必: 武断。
④ 固: 固执。
⑤ 我: 自我。

【译文】

孔子杜绝了四种弊病:不臆测,不武断,不固执,不自我。

9.5 子畏于匡①,曰:"文王既②没③,文④不在兹乎? 天之将丧⑤斯文也,后死者⑥不得与于斯文也;天之未丧斯文也,匡人其如予何⑦?"

【注释】

① 畏于匡:畏同"围",被围困;匡,卫国地名,今河南长垣县西南。畏于匡指孔子在匡地被围困。据《史记·孔子世家》记载,孔子周游列国时,在去陈国的途中,经过卫国的匡地。孔子长得很像阳虎,阳虎曾经欺凌过匡人,匡人以为是阳虎来了,就把孔子师徒围困了5天。孔子的弟子们有点焦虑,为了安抚他们,所以孔子说了这段话。

② 既:表示动作已经完了。

③ 没:同"殁",去世。

④ 文:礼乐制度。朱熹《论语集注》:"道之显者谓之文,盖礼乐制度之谓。不曰道而曰文,亦谦辞也。"

⑤ 丧:毁灭。

⑥ 后死者:指孔子自己。何晏《论语集解》引孔安国注:"文王既没,故孔子自谓后死者。"

⑦ 如予何:能把我怎么样。

【译义】

孔子在匡被围,说:"文王去世以后,礼乐制度不都在我这儿了吗? 上天如果想要毁灭这种礼乐制度,那我也就不可能掌握它了；上天如果没有想要毁灭这种礼乐制度，匡人能把我怎么样呢？"

9.6 太宰①问于子贡曰："夫子圣者与？何其多能也？"子贡曰："固②天纵③之将圣④，又多能也。"子闻之，曰："太宰知我乎？吾少也贱⑤，故多能鄙⑥事。君子多乎哉？不多也。"

【注释】

① **太宰**：官名，掌管国君的宫廷事物。此处指人，生平已不可考。《释文》引郑玄注，认为是太宰嚭。
② **固**：本来。
③ **纵**：赋予，让……成为。
④ **将圣**：大圣。何晏《论语集解》："言天固纵之大圣之德，又使多能也。"
⑤ **贱**：地位卑下，贫贱。
⑥ **鄙**：卑贱。

【译义】

太宰向子贡请教说："孔夫子是位圣人吧？为何他这么多才多艺呢？"子贡回答说："这本是上天让他成为圣人，又让他多才多艺的。"孔子听到后，说："太宰真的了解我吗？我年少时贫贱，所以学会了很多卑贱的技艺。真正的君子会有这么多技艺吗？没有这么多。"

9.7 牢①曰："子云：'吾不试②，故艺③。'"

【注释】

① 牢：琴牢，字子开或子张。卫国人。孔子的学生。《孔子家语·七十二弟子解》记载，琴牢的朋友宗鲁去世了，他想去吊唁，孔子不允许，并说"非义也"。
② 试：被任用，出仕做官。何晏《论语集解》引郑玄注："试，用也。"皇侃、朱熹持此义。
③ 艺：技艺。

【译义】

琴牢说："孔子说过：'我年轻时没有出仕做官，所以会一些技艺。'"

9.8 子曰："吾有知①乎哉？无知也。有鄙夫②问于我，空空如也。我叩③其两端④而竭⑤焉。"

【注释】

① 知：知识。

② 鄙夫：庸俗浅陋的人、见识浅薄的人。

③ 叩：敲击，引申为启发。

④ 两端：正反两个方面。

⑤ 竭：悉，彻底。

【译义】

孔子说："我有知识吗？没有呀。有个见识浅薄的人向我请教，他一无所知。我从正反两个方面启发他，让他彻底明白。"

9.9 子曰："凤鸟①不至②，河不出图③，吾已矣夫！"

【注释】

① 凤鸟：凤凰，据说舜做帝王时凤凰来舞，周文王执政时凤凰鸣于岐山，这都是祥瑞的预兆。

② 至：到来。

③ 河不出图：黄河没有出现八卦图。传说伏羲氏时，有龙马负图从黄河出现，伏羲据此画了八卦。

【译义】

孔子说："凤凰不来了，黄河也不出现八卦图了，我这一生算是完了！"

9.10 子见齐衰①者、冕衣裳②者与瞽③者,见之,虽少,必作④;过之,必趋⑤。

【注释】
① 齐衰(zī cuī):亦作"齐缞",丧服的一种,用麻布缝制,此处指穿丧服的人。
② 冕衣裳:冕是礼帽,衣是上衣,裳是下衣,此处指穿礼服的人。
③ 瞽(gǔ):盲人。朱熹《论语集注》:"瞽,无目者。"
④ 作:起身,从坐姿(即跪姿)改为立姿。
⑤ 趋:快步走。

【译文】
孔子遇见穿丧服的人、穿礼服的人和盲人时,尽管对方年轻,也一定要起身;从他们身边经过时,一定要快步走。

9.11 颜渊喟然①叹曰:"仰之弥高,钻之弥坚。瞻之在前,忽焉在后。夫子循循②然善诱③人,博我以文,约我以礼,欲罢不能。既竭吾才,如有所立卓尔④,虽欲从⑤之,末⑥由也已。"

【注释】

① 喟（kuì）然：感叹。

② 循循：循序渐进。

③ 诱：引导。

④ 卓尔：高高直立的样子。

⑤ 从：追随。

⑥ 末：同"蔑"，完全没有。

【译文】

　　颜渊感叹地说："老师的道，越仰望越觉得高，越钻研越觉得深。看着好像在前面，忽然又像在后面。老师善于循序渐进地引导我，用典籍丰富我的知识，用礼来约束我的行为，让我想要停止也停不下来。我已经竭尽了我的才能，好像老师的道就耸立在前面，虽然想追随它，却完全不知如何下手。"

9.12　子疾病①，子路使门人为臣②。病间③，曰："久矣哉，由之行④诈⑤也！无臣而为有臣。吾谁欺？欺天乎？且予与其死于臣之手也，无宁死于二三子之手乎？且予纵不得大葬，予死于道路乎？"

【注释】

① 病：重病。何晏《论语集解》引包咸注："疾甚

日病。"

② 臣：家臣。

③ 闲：好转，减轻。何晏《论语集解》引孔安国注："病少差曰闲。"

④ 行：做……事。

⑤ 诈：欺诈。

【译文】

孔子患了重病，子路让孔子的弟子们去做孔子的家臣，准备负责处理后事。后来，孔子的病情好转，便说："仲由做这种欺诈的事情很久了！我明明没有家臣，却一定要装作有家臣。我欺骗谁呢？欺骗上天吗？况且，我与其死在家臣手里，还不如死在学生手里，这样不更好吗？况且，即使我不能被隆重安葬，难道我会死在路上没人管吗？"

9.13 子贡曰："有美玉于斯，韫①椟②而藏诸？求③善贾④而沽⑤诸？"子曰："沽之哉！沽之哉！我待贾者也。"

【注释】

① 韫（yùn）：藏。

② 椟（dú）：木制的盒子、柜子。

③ **求**：找寻。

④ **善贾**（gǔ）：善于经商的人，引申为识货的人。

⑤ **沽**：卖。

【译义】

　　子贡说："这儿有一块美玉，是把它放在柜子中藏起来呢，还是找一个识货的人把它卖掉呢？"孔子说："卖掉它吧！卖掉它吧！我正等待识货的人呢。"

9.14　子欲居九夷①。或曰："陋②，如之何？"子曰："君子居之，何陋之有？"

【注释】

① **九夷**：古代东方的九个少数民族，分别是畎夷、于夷、方夷、黄夷、白夷、赤夷、玄夷、风夷、阳夷，此处指九夷所居之地。

② **陋**：鄙陋无礼、偏远。皇侃《论语义疏》引孙绰云："九夷所以为陋者，以无礼义也。"

【译义】

　　孔子想搬到九夷去住。有人说："那里偏远落后，怎么能居住呢？"孔子说："有君子去住的话，还有什么偏远落后的呢？"

9.15 子曰:"吾自卫反①鲁,然后②乐正③,《雅》《颂》各得其所。"

【注释】

① 反:同"返",返回。
② 然后:表示接着某种动作或情况之后。
③ 乐正:整理乐曲。孔子整理乐曲的内容已不可考,约有两种歧义。一是整理的是乐音,即乐曲的音调,清代的包慎言持此义;二是《诗》的乐章,礼崩乐坏之际,《诗》的乐章经常出现在僭越的场合,所以孔子要纠正这一不合礼法的现象,毛奇龄、程树德等持此论。

【译义】

孔子说:"我从卫国回到鲁国后,才把乐曲进行了整理,使《雅》《颂》各在自己恰当的位置上。"

9.16 子曰:"出则事公卿,入则事父兄,丧事不敢不勉①,不为酒困②,何有于我哉?"

【注释】

① 勉:努力,勤勉。
② 困:陷在艰难痛苦或无法摆脱的环境中。

【译义】

　　孔子说:"在外服侍公卿,回家服侍父兄,有丧事不敢不尽力去办,不沉湎于酒中,这些事对我有什么难的呢?"

9.17 子在川① 上② 曰:"逝③ 者如斯夫! 不舍④ 昼夜。"

【注释】

① 川:这条河在今曲阜东南约25千米处,孔子出生地尼山脚下,这是个五川汇流的地方,金明昌五年(1194年),建亭纪念。

② 上:方位词,边,畔。

③ 逝:消逝。

④ 舍:止息、停止。

【译义】

　　孔子在河边说:"消逝的时光像这河水一样呀! 日夜不停地流着。"

9.18 子曰:"吾未见好德如好色① 者也。"

【注释】

① 色:美色。

【译文】

孔子说:"我没有见过喜好德行像喜好美色一样的人。"

9.19 子曰:"譬①如为②山,未成一篑③,止,吾止也。譬如平地,虽覆④一篑,进⑤,吾往⑥也。"

【注释】

① 譬:比如。
② 为:做,此处引申为堆土。
③ 篑:担土的筐。
④ 覆:倾倒。
⑤ 进:前进。
⑥ 往:到……去,引申为前进。

【译义】

孔子说:"比如堆土成山,还差一筐土没有堆成,如果停下来,那是我自己要停的。又比如在平地上堆土成山,虽然才倒了一筐土,如果前进了,那是我自己要前进的。"

9.20 子曰:"语①之而不惰②者,其③回也与!"

【注释】

① 语：与……说话。

② 惰：懈怠。

③ 其：副词，殆、大概，表揣测。

【译义】

孔子说："听我说话而不懈怠的人，大概只有颜回了吧！"

9.21 子谓颜渊曰："惜乎！吾见其进也，未见其止也。"

【译义】

孔子谈到颜渊时说："可惜他去世了！我只见过他不断前进，从没有见过他停止。"

9.22 子曰："苗^① 而不秀^② 者有矣夫！秀而不实^③ 者有矣夫！"

【注释】

① 苗：出苗。

② 秀:开花。
③ 实:结果实。

【译文】

孔子说:"出苗而没有吐穗开花的有吧!吐穗开花而没有结果实的也有吧!"

9.23 子曰:"后生可畏,焉①知来者②之不如今也? 四十、五十而③无闻④焉,斯亦不足⑤畏也已。"

【注释】

① 焉:文言疑问词,怎么,哪儿。
② 来者:(他的)将来。
③ 而:连词,还。
④ 闻:有名望。
⑤ 足:值得。

【译文】

孔子说:"年轻人是值得敬畏的,怎么知道他的将来不如他的现在呢?但如果他到了四十岁、五十岁还没有名望的话,也就没什么值得敬畏的了。"

9.24 子曰:"法语之言①,能无从②乎?改之为贵。巽与之言③,能无说④乎?绎⑤之为贵。说而不绎,从而不改,吾末⑥如之何也已矣。"

【注释】

① **法语之言**:符合礼法的话。朱熹《论语集注》:"法语者,正言之也。"

② **从**:听从。

③ **巽与之言**:巽,同"逊",谦让恭顺。"巽与之言"指的是委婉劝导的话。朱熹《论语集注》:"巽言者,婉而导之也。"

④ **说**:同"悦",高兴。

⑤ **绎**:理出头绪,引申为分析鉴别。

⑥ **末**:没有,不。

【译义】

孔子说:"符合礼法的话,能不听从吗?但只有按照它改正错误才是可贵的。委婉劝导的话,听了能不高兴吗?但只有经过分析鉴别才是可贵的。只高兴而没有分析鉴别,只听从而不改正,这样的人我实在不知道该拿他怎么办了。"

9.25 子曰:"主①忠信,毋友不如己者,过则勿惮改。"

【注释】

① 主:以……为最重要。

【译义】

孔子说:"以忠信两种德行为主,不结交不如自己的朋友,有了过错就不怕改正。"

9.26 子曰:"三军①可夺②帅也,匹夫③不可夺志也。"

【注释】

① 三军:旧时的左、中、右三军,此处泛指为军队。
② 夺:丧失。
③ 匹夫:古代指平民中的男子,此处指代一个普通人。

【译义】

孔子说:"军队可以丧失主帅,一个人不可以丧失志向。"

9.27 子曰:"衣①敝②缊袍③,与衣狐貉者立,而不耻者,其由也与?'不忮④不求⑤,何用⑥不臧⑦?'"子路终身诵之。子曰:"是⑧道也,何足以臧⑨?"

【注释】

① 衣:穿衣。

② 敝:破旧。

③ 缊(yùn)袍:以乱麻棉絮做成的袍子,引申为穷人穿的衣服。

④ 忮(zhì):嫉恨,嫉妒。

⑤ 求:贪婪。

⑥ 何用:做……事。

⑦ 臧:好。

⑧ 是:这,此。

⑨ 臧:认为好、满意,引申为表扬。

【译义】

　　孔子说:"穿着破旧的衣服,与穿名贵衣服的人站在一起而不感到羞耻的,大概只有仲由吧?《诗经》中说:'不嫉妒不贪婪,做什么会不好呢?'"子路经常吟诵这两句诗。孔子说:"只做到这样,怎么值得赞扬呢?"

9.28 子曰:"岁寒①,然后知松柏之后雕②也。"

【注释】

① 岁寒:一年中的寒冷季节,深冬。
② 后雕:雕,同"凋"。后凋指(众木)凋后(还郁郁葱葱)。

【译文】

孔子说:"到了寒冷季节,才知道松柏在众木凋后还郁郁葱葱。"

9.29 子曰:"知①者不惑,仁者不忧,勇者不惧。"

【注释】

① 知:同"智",智慧。

【译文】

孔子说:"智慧的人不会迷惑,仁德的人不会忧愁,勇敢的人不会畏惧。"

9.30 子曰："可与共学，未可与适道；可与适①道，未可与立②；可与立，未可与权③。"

【注释】
① 适：达到。
② 立：坚守。
③ 权：权衡变通。高诱《淮南子》引注《论语》："权，因事制宜。权量轻重，无常形势，能合丑反善，合于宜适，故圣人独见之也。"黄式三《黄氏后案》："凡事势至于不能两全，审其至重者而为之，是谓之权。"

【译义】
孔子说："可以和他一起学习，未必可以和他都能达到道；可以和他都能达到道，未必可以和他都能坚守道；可以和他都能坚守道，未必可以和他都能懂得权衡变通。"

9.31 "唐棣①之华②，偏③其反④而。岂不尔思⑤？室是远而。"⑥子曰："未之思也，夫⑦何远之有？"

【注释】
① 唐棣：一种植物。

② 华：同"花"。
③ 偏：同"翩"，翩翩之义。
④ 反：同"翻"，摆动之义。
⑤ 岂不尔思：倒装句，岂不思尔，难道是我不思念你吗？
⑥ 此四句为逸诗。
⑦ 夫：指示代词，这。

【译义】

　　"唐棣树的花，翩翩摆动。难道是我不思念你吗？是因为住得太远了。"（关于这四句古诗）孔子说："他没有真正思念呀，如果真的思念，这有什么远的呢？"

乡党第十

10.1 孔子于乡党①,恂恂②如也,似不能③言者。其在宗庙朝廷,便便④言,唯谨尔。

【注释】
① 乡党:街坊邻里,此处指家乡。
② 恂恂(xún):温和恭敬。何晏《论语集解》:"恂恂,温恭之貌。"朱熹《论语集注》:"恂恂,信实之貌。"
③ 能:善于。
④ 便便(pián):能言善辩。何晏《论语集解》引郑玄注:"便便,辩貌,虽辩而谨敬。"朱熹《论语集注》:"便便,辩也。宗庙礼法之所在,朝廷政事之所出,言不可以不明辨,故必详问而极言之,但谨而不放尔。"

【译义】
　　孔子在家乡显得温和恭敬,好像是个不会说话的人。但在宗庙里、朝廷上,能言善辩,只是比较谨慎罢了。

10.2 朝①,与下大夫②言,侃侃③如也;与上大夫言,訚訚④如也。君在,踧踖⑤如也,与与⑥如也。

【注释】
① 朝:在朝廷上。

② **下大夫**：周代大夫分为不同的等级，如果以上下来分的话，卿是上大夫，其他的都是下大夫。

③ **侃侃**：理直气壮、从容不迫的样子。

④ **訚訚**（yín）：和悦而正直地争辩。朱熹《论语集注》引许慎《说文解字》："訚訚，和说而诤也。"

⑤ **踧踖**（cù jí）：恭敬而不安的样子。朱熹《论语集注》："踧踖，恭敬不宁之貌。"

⑥ **与与**：仪态得体。何晏《论语集解》引马融注："威仪中适之貌。"

【译文】

在朝廷上，当国君不在场时，与下大夫说话从容不迫；与上大夫说话和蔼正直。国君在场时，恭敬小心，仪态得体。

10.3　君召使摈①，色②勃③如也，足躩④如也。揖所与立，左右手⑤，衣前后⑥，襜如也⑦。趋进，翼如也⑧。宾退⑨，必复命，曰："宾不顾⑩矣。"

【注释】

① **摈**：同"傧"，接待宾客。
② **色**：脸色。

③ 勃:变得庄重。朱熹《论语集注》:"勃,变色貌。"

④ 躩(jué):急遽的样子、脚步快。

⑤ 左右手:分别向左右拱手。

⑥ 衣前后:衣服前后摆动。

⑦ 襜(chān)如也:衣服整齐,飘动有致的样子。

⑧ 翼如也:像鸟儿展翅一样。

⑨ 退:辞去。

⑩ 顾:回头看,引申为走远了。

【译义】

国君召孔子去接待宾客,孔子的脸色立刻庄重起来,脚步也快起来。他向和他站在一起的人作揖时,分别向左右拱手,衣服前后摆动,却很整齐。快步前进时,姿态像鸟儿展翅一样。宾客离开后,他一定向国君回复,说:"客人已经走远了。"

10.4 入公门,鞠躬①如也,如不容②。立不中门,行不履③阈④。过位⑤,色勃如也,足躩如也,其言似不足者。摄⑥齐⑦升堂⑧,鞠躬如也,屏气似不息者。出,降⑨一等⑩,逞⑪颜色,怡怡如也⑫。没阶⑬,趋进,翼如也。复其位,踧踖如也。

【注释】

① 鞠躬：敛身弯腰。朱熹《论语集注》："鞠躬，曲身也。"
② 不容：容不下。
③ 履：踩。
④ 阈（yù）：门槛。
⑤ 位：国君的虚位。朱熹《论语集注》："位，君之虚位，谓门屏之间，人君宁立之处，所谓宁也。君虽不在，过之必敬，不敢以虚位而慢之也。言似不足，不敢肆也。"
⑥ 摄：提起。
⑦ 齐（zī）：衣裳的下摆。
⑧ 升堂：登堂。
⑨ 降：走下。
⑩ 等：一级台阶。
⑪ 逞：放松。
⑫ 怡怡如也：和悦的样子。
⑬ 没阶：下完了台阶。

【译义】

　　孔子进入朝廷的大门时，敛身弯腰，好像门容不下他直身走过似的。他不在门的中间站立，进门时不踩门槛。经过国君的虚位时，脸色立刻庄重起来，脚步也加快起来，说话也好像是气力不足似的。他提起衣服下摆登堂时，敛身弯腰，屏住气像是停止呼吸似的。他出来时，走下了一级台阶才松了一口气,脸色逐渐放松,怡然自得。下完了台阶,快步前进,姿态好像鸟儿展翅一样。回到自己的位子上,表现出恭敬而不安的样子。

10.5 执圭①,鞠躬如也,如不胜。上②如揖,下③如授④。勃⑤如战色⑥,足蹜蹜如有循⑦。享礼⑧,有容色⑨。私觌⑩,愉愉⑪如也。

【注释】

① 圭:古代帝王诸侯在举行典礼时拿的一种玉器。这里指出使邻国的大臣执圭以示君命。

② 上:向上举,手的位置相当于作揖的位置,在心口之上。

③ 下:放下来,手的位置相当于递东西给别人,在心口之下。

④ 授:给,与。

⑤ 勃:变庄重。

⑥ 战色:战栗的样子。朱熹《论语集注》:"战色,战而色惧也。"

⑦ 足蹜蹜(sù)如有循:拖着脚后跟向前迈步。何晏《论语集解》:"足蹜蹜如有循,举前曳踵行也。"朱熹等也持此义。

⑧ **享礼**：使臣向朝聘国君主进献礼物的仪式。何晏《论语集解》引郑玄注："享，献也。"
⑨ **有容色**：露出非常欣赏的表情。
⑩ **觌（dí）**：相见，见面。
⑪ **愉愉**：轻松愉快。

【译文】

孔子出使他国，拿着圭，敛身弯腰，好像拿不动的样子。向上举好像在作揖，放下来好像递东西给别人。脸色庄重得像战栗的样子，拖着脚后跟向前迈步。进献礼物的时候，脸色和悦。私下见面时，轻松愉快。

10.6 君子不以绀①緅②饰③，红紫不以为亵服④。当暑，袗⑤絺⑥绤⑦，必表而出之⑧。缁⑨衣，羔裘⑩；素衣，麑裘⑪；黄衣，狐裘⑫。亵裘长，短右袂⑬。必有寝衣⑭，长一身有半。狐貉之厚以居⑮。去丧⑯，无所不佩。非帷裳⑰，必杀⑱之。羔裘玄冠不以吊⑲。吉月⑳，必朝服而朝。

【注释】

① **绀（gàn）**：红青，微带红的黑色。
② **緅（zōu）**：黑中带红的颜色。

③ 饰：衣服的边。何晏《论语集解》引孔安国注："饰：领袖缘也。"

④ 亵服：平常居家穿的衣服。何晏《论语集解》引王肃注："亵服，私居服，非公会之服。"

⑤ 袗（zhěn）：单衣。

⑥ 绤（chī）：细葛布。

⑦ 绤（xì）：粗葛布。

⑧ 必表而出之：一定要套上外衣才外出。皇侃《论语义疏》："表，谓加上衣也。古人冬则衣裘，夏则衣葛也。若在家，则裘葛之上，亦无别加衣，若出行接宾，皆加上衣。"古注基本上都是类似的解释，如郑玄、孔安国、俞樾、朱熹等的注。

⑨ 缁（zī）：黑色。

⑩ 羔裘：羔，小羊；裘，皮衣。羔裘指的是古代诸侯用作朝服的小羊皮袍。

⑪ 麑（ní）裘：用小鹿皮做的皮衣。

⑫ 狐裘：用狐皮制的外衣。

⑬ 袂：衣袖，袖口。

⑭ 寝衣：被子。

⑮ 居：坐。

⑯ 去丧：去，已过的。"去丧"指丧服期已过。

⑰ 帷裳：古代朝祭时穿的服装。皇侃《论语义疏》引郑玄注："帷裳，谓朝祭之服，其制正幅如帷也。"

⑱ 杀（shài）：减，削，引申为剪裁。

⑲ 吊：吊丧，祭奠死者或对遭到丧事的人家、团体给予慰问。

⑳ 吉月：朔日，农历每月初一。

【译义】

　　君子不用天青色、黑红色的布镶边，红色、紫色不用在居家时穿的衣服上。夏天，穿粗或细葛布单衣时，一定要套上外衣才外出。黑衣配小羊皮袍；白衣配小鹿皮袍；黄衣配狐皮皮袍。居家时穿的皮袍要做得长一些，右边的袖子短一点。一定要有睡觉时盖的小被，约有一身半长。用狐貉的厚毛做坐垫。丧期已过，没有什么不能佩戴的。如果不是朝祭之服，一定要裁短一些。穿着小羊皮皮袄、戴黑色的帽子不能去吊丧。每月初一，一定要穿朝服上朝。

10.7 齐①，必有明衣②，布。齐必变③食，居④必迁⑤坐⑥。

【注释】

① 齐：同"斋"，斋戒。
② 明衣：浴衣。皇侃《论语义疏》："谓斋浴时所著之衣也。浴竟，身未燥，未堪著好衣，又不可露肉，故用布为衣，如衫而长身也，著之以待身燥。"
③ 变：改变。
④ 居：居住（的卧室）。

⑤ 迁：变动，改变。

⑥ 坐：住所，卧室。

【译义】

斋戒时，一定要有沐浴后穿的浴衣，是用布做的。斋戒时，一定要改变平常的饮食，也一定要改换平常居住的卧室。

10.8 食①不厌精②，脍③不厌细。食饐④而餲⑤，鱼馁⑥而肉败⑦，不食。色恶⑧，不食。臭⑨恶，不食。失饪⑩，不食。不时⑪，不食。割不正⑫，不食。不得其酱，不食。肉虽多，不使胜⑬食气⑭。惟酒无量，不及乱⑮。沽⑯酒市脯⑰不食。不撤姜食，不多食。

【注释】

① 食：稻粱类的谷物。

② 精：舂得很细的米。

③ 脍：切细的肉。

④ 饐（yì）：食物腐败发臭。

⑤ 餲（ài）：食物经久而变味。

⑥ 馁：鱼腐烂。

⑦ **败**：腐烂变质。

⑧ **色恶**：颜色变坏。

⑨ **臭**（xiù）：气味。

⑩ **失饪**：烹调不当。

⑪ **不时**：不在吃饭的时间。不时在古注中一般有三种解释，一是不在吃饭的时间，如何晏《论语集解》引郑玄注，认为不时是"非朝夕日中时"。二是不当季、不符合时令，如章怀注《后汉书·邓皇后纪》："《论语》曰：'不时不食。'言非其时物，则不食之。"三是谷物不熟，如朱熹《论语集注》："五谷不成果实未熟之类。"

⑫ **割不正**：正，不偏斜、平正。割不正指的是肉切得不方正。也有解释为割得不合法度，如皇侃《论语义疏》引江熙注，"杀不以道，为不正也。"沈守正《四书丛说》："所谓不正，则不合乎度者。"

⑬ **胜**：超过。

⑭ **气**（xì）：同"饩"，赠送人的谷物，此处引申为主食。

⑮ **乱**：失去控制，失礼，引申为喝醉。皇侃《论语义疏》："酒虽多，无有限量，而人宜随己能而饮，不得及至于醉乱也。"

⑯ **沽**：同"酤"，买酒。

⑰ **市脯**（fǔ）：买来的干肉。

【译文】

粮食不嫌舂得精，肉不嫌切得细。食物腐烂发臭和经久变味了，鱼和肉腐烂变质了，不吃。食物的颜色变坏了，不吃。气味难闻，不吃。烹调不当，不吃。不在吃饭的时间，不吃。肉切得不方正，不吃。没有合适的酱料，不吃。席上的肉虽然多，食用时不超过主食。只有酒没有限制，但不喝醉。买来的酒和干肉，不吃。每餐必须有姜，但不多吃。

10.9　祭于公，不宿肉。祭肉不出三日。出三日，不食之矣。

【译义】

参加国君祭祀时，分到的祭肉不留过夜。其他的祭肉保留不超过三天。若是超过三天，就不吃了。

10.10　食不语，寝不言。

【译义】

吃饭时不交谈，睡觉时不说话。

10.11　虽疏食①菜羹②，瓜③祭，必齐④如也。

【注释】

① 疏食：粗米饭。

② 菜羹：蔬菜汤。

③ 瓜：同"必"，一定、必须之义。

④ 齐：同"斋"，斋戒之义。

【译义】

即使是粗米饭蔬菜汤，也一定要在饭前先向祖先献祭，而且一定要像斋戒时那样严肃恭敬。

10.12 席不正，不坐。

【译义】

席子放得不正，不坐。

10.13 乡人饮酒①，杖者②出，斯出矣。

【注释】

① 乡人饮酒：指乡饮酒礼。古时乡学三年结束后，由卿大夫向上举荐贤能之士，被举荐的人将要走时，卿大夫以宾礼相待，并和他们饮酒，这称为乡饮酒礼。

② 杖者：挂拐杖的人，引申为老人。

【译义】

举行乡饮酒礼结束后,要等老人都出去了,自己才出去。

10.14 乡人傩①,朝服而立于阼阶②。

【注释】

① 傩(nuó):古代迎神驱鬼的仪式。
② 阼(zuò)阶:大堂前的东阶,主人立在这里欢迎客人。

【译义】

本地人举行迎神驱鬼的仪式时,孔子总是穿着朝服站在大堂前的东阶上。

10.15 问①人于他邦,再②拜而送之。

【注释】

① 问:问候送礼。程树德引邢昺《论语注疏》:"此记孔子遗人之礼也。问,犹遗也,谓因问有物遗之也。问者,或自有事问人,或闻彼有事而问之,悉有物表其意。……此孔子凡以物问遗人于他邦者,必再拜而送其使者,所以示敬也。"

② 再：两次。

【译义】

孔子托人向在其他国家的人问候送礼，在送别受托者时要拜两次。

10.16 康子①馈药，拜而受之。曰："丘未达②，不敢尝③。"

【注释】

① 康子：季康子。
② 达：了解药性。皇侃《论语义疏》："未晓此药治何疾，故不敢尝之。"
③ 尝：尝药。朱熹《论语集注》引范祖禹注："凡赐食必尝以拜，药未达则不敢尝，受而不饮，则虚人之赐，故告之如此。然则可饮而饮，不可饮而不饮，皆在其中矣。"

【译义】

季康子送药给孔子，孔子拜谢过，然后接受了。说："我对药性不了解，不敢尝药。"

10.17 厩①焚。子退朝,曰:"伤人乎?"不问马。

【注释】

① 厩:马厩。

【译义】

马厩失火了。孔子退朝后,问:"伤了人吗?"没有问马的情况。

10.18 君赐食①,必正席先尝之。君赐腥②,必熟③而荐④之。君赐生⑤,必畜⑥之。侍食于君,君祭⑦,先饭⑧。

【注释】

① 食:熟食。
② 腥:生肉。
③ 熟:煮熟。
④ 荐:献祭。
⑤ 生:活物。
⑥ 畜:饲养。
⑦ 君祭:国君饭前的献祭礼。
⑧ 饭:吃饭,尝饭。

【译文】

　　国君赐给了熟食，孔子一定要摆正坐席先尝一尝。国君赐给了生肉，孔子一定先煮熟后再献祭给祖先。国君赐给了活物，孔子一定会饲养着它们。陪侍国君吃饭，在国君举行饭前祭礼的时候，孔子会先为国君尝饭。

10.19　疾，君视之，东首①，加②朝服，拖绅③。

【注释】

① 东首：头朝向东。皇侃《论语义疏》："病者欲生，东是生阳之气，故眠头首东也。"
② 加：放在上面，加上。
③ 绅：古代官员束腰的大带子。

【译义】

　　孔子病了，国君来探视他，孔子头朝向东躺着，身上盖着朝服，拖着大带。

10.20　君命召，不俟①驾行矣。

【注释】

① 俟：等待。

【译义】

　　国君下令召见孔子，孔子没等车马备好就先步行走了。

10.21　入太庙，每事问。

【译义】

　　孔子进了太庙，每件事情都要询问。

10.22　朋友死，无所归，曰："于我殡①。"

【注释】

　　① 殡：安葬。

【译义】

　　孔子的朋友去世了，没有人负责收殓，孔子说："由我来负责安葬。"

10.23　朋友之馈，虽车马，非祭肉，不拜。

【译文】

朋友赠送的礼物，即使是车马，只要不是祭肉，孔子在接受时也不拜谢。

10.24 寝①不尸②，居③不客④。

【注释】

① 寝：睡觉。
② 尸：像死尸似的。朱熹《论语集注》："尸，谓偃卧似死人也。"
③ 居：坐。
④ 客：会客。

【译义】

睡觉时不像死尸似的仰卧，平日的坐姿也不和会客时一样。

10.25 见齐衰①者，虽狎②，必变。见冕者与瞽者，虽亵③，必以貌。凶服④者式⑤之，式负版⑥者。有盛馔⑦，必变色⑧而作⑨。迅雷风烈必变。

【注释】

① 齐衰：丧服。

② 狎（xiá）：关系亲密。

③ 亵：关系亲密、亲近而态度不庄重。

④ 凶服：丧服。

⑤ 式：通"轼"，车前横木，古人俯身凭轼以示敬意。

⑥ 版：国家图籍。

⑦ 馔：菜肴。

⑧ 变色：神色一变。

⑨ 作：起身，站立起来。

【译义】

见到穿丧服的人，即使关系亲密，态度也一定要庄重起来。见到穿礼服的人和盲人，即使关系亲密，也一定要有礼貌。乘车时遇到穿丧服的人，要俯身伏在车前横木上致意，遇到背负国家图籍的人也要这样做。赴宴时，如果有丰盛的菜肴，一定要神色一变，并站立起来以示感谢。遇见迅雷大风，也一定要改变神色以示对上天的敬畏。

10.26 升①车，必正立，执绥②。车中不内顾③，不疾④言，不亲指。

【注释】

① 升：上（车）。

② **绥**:登车用的带子。

③ **内顾**:向内回头看。

④ **疾**:快速。

【译义】

上车时,一定要先直立站好,然后手挽登车用的带子上车。在车上,不回头看车内,不快速地说话,不用手指指点点。

10.27 色①斯举②矣。翔而后集③。曰:"山梁雌雉,时哉时哉④!"子路共之,三嗅而作⑤。

【注释】

① **色**:神色。

② **举**:飞。

③ **集**:群鸟栖止于树上。

④ **山梁雌雉,时哉时哉**:这些山梁上的母野鸡,得其时呀!得其时呀!

⑤ **子路共之,三嗅而作**:子路向它们拱拱手,野鸡便叫了几声飞走了。

【译义】

孔子在山谷中行走,看见一群野鸡在飞,孔子的神色动了一下。野鸡飞了一会落在树上。孔子说:"这些山梁上的母野鸡,得其时呀!得其时呀!"子路向它们拱拱手,野鸡便叫了几声飞走了。

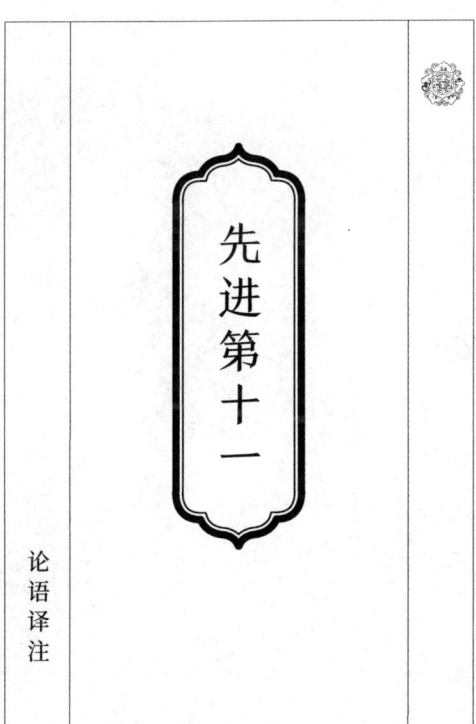

先进第十一

11.1 子曰:"先进①于礼乐,野人②也;后进③于礼乐,君子也。如用④之,则吾从⑤先进。"

【注释】

① 先进③后进:先进指先学习礼乐而后再做官的人,后进指先做官后再学习礼乐的人。先进与后进在古注中有四种解释。一是指时代的先后。如江永《群经补义》认为先进是殷以前,后进是周以后;皇侃认为先进是五帝以前,后进是五帝以后;孙奕认为先进是三代以前,后进是三代以后。孙奕《示儿编》有详细解释:"先进,指三代而上。后进,指三代而下。谓三代以上,教行俗美,而礼乐达天下,虽野人亦能之,况君子乎?三代而下,政邑俗殊,而礼乐有坏阙,惟君子能之,野人则莫之能力也。所以夫子欲丛三代之盛时。"二是指仕进的先后。如邢昺《论语注疏》:"先进谓先辈仕进之人。"三是指进入孔门的先后。如刘逢禄《论语述何》:"先进谓先及门,如子路诸人,志于拨乱世者。后进谓子游、公西华诸人,志于致太平者。"四是指进学的先后。朱熹引程子说,先进是先进于礼乐,后进是后进于礼乐,刘宝楠《论语正义》引卢辩《戴记》注:"先进后进皆谓弟子受夫子所施之教,进学于此也。"

② 野人:指乡野平民。刘宝楠《论语正义》:"野人者,凡民未有爵禄之称也。"

④ 用:使用,选用。

⑤ 从：选用。

【译义】

孔子说："先学习礼乐而后做官的人，是平民；先做官而后学习礼乐的人，是卿大夫的子弟。如果要选用人才，我就选用先学习礼乐的人。"

11.2 子曰："从我于陈、蔡①者，皆不及门也②。"

【注释】

① 陈、蔡：皆国名。陈蔡之厄是在公元前489年，孔子周游列国期间被围困在陈蔡七天的事情。据《史记·孔子世家》记载，楚国人听说孔子在陈蔡之间，派人往聘。陈蔡的大夫担心楚国任用孔子后，陈蔡就危险了，所以发动徒役把孔子一行围困在野外七天，孔子一行"不得行，绝粮。从者病，莫能兴。孔子讲诵弦歌不衰"。此时的弟子有子贡、子路、颜回等人。公元前484年，孔子回到鲁国后，子路、子贡等先后离开了，颜回也已去世。孔子想念他们，于是发出了这样的感慨。

② 皆不及门也：都不在我这里了。陈蔡之厄时的学生有仲由、子贡、颜回，一说再加上宰予、颛孙师。

【译文】

　　孔子说:"曾跟随我到过陈国、蔡国的人,现在都不在我这里了。"

11.3　德行:颜渊,闵子骞,冉伯牛,仲弓。言语:宰我,子贡。政事:冉有,季路。文学①:子游,子夏。

【注释】

① **文学**:古代文献,即孔子传授的《诗》《书》《礼》《易》《乐》《春秋》等。唐开元八年(720 年),擅长四科(德行、言语、政事、文学)的十人配享孔子,称十哲。

【译文】

　　以德行见长的:颜渊,闵子骞,冉伯牛,仲弓。以言语见长的:宰我,子贡。以处理政事见长的:冉有,季路。以熟悉古代文献见长的:子游,子夏。

11.4　子曰:"回也非助①我者也,于吾言无所不说②。"

【注释】

①助：助益，帮助。何晏《论语集解》引孔安国注："助犹益也，言回闻言即解，无发起增益于己也。"

②说：同"悦"，喜欢。

【译文】

孔子说："颜回不是对我有所帮助的人，他对于我的话没有不喜欢的。"

11.5 子曰："孝哉闵子骞！人不间①于其父母昆弟②之言。"

【注释】

①间：异议，异辞。

②昆弟：兄弟。

【译文】

孔子说："闵子骞真孝顺呀！人们对于他父母兄弟称赞他的话没有异议。"

11.6 南容三复①白圭②，孔子以其兄之子妻③之。

【注释】

① 三复：多次、反复诵读。
② 白圭：指的是《诗经·大雅·抑》中的四句诗："白圭之玷，尚可磨也；斯言之玷，不可为也。"
③ 妻（qì）：以女嫁人。

【译义】

南宫括反复诵读《诗》中关于白圭的诗句，孔子把自己哥哥的女儿嫁给了他。

11.7 季康子问："弟子孰为① 好学？"孔子对曰："有颜回者好学，不幸② 短命③ 死矣，今也则亡。"

【注释】

① 为：是。
② 不幸：皇侃《论语义疏》引孙绰云："不应生而生曰幸，不应死而死曰不幸。"
③ 短命：寿命不长，颜回去世时只有41岁。

【译义】

季康子向孔子请教："您的弟子中谁是好学的？"孔子回答说："有个叫颜回的弟子好学，但他不幸短命去世了，现在再也没有这样的人了。"

11.8 颜渊死，颜路①请子②之车以为③之椁④。子曰："才不才⑤，亦各言其子也。鲤⑥也死，有棺而无椁。吾不徒行以为之椁。以吾从大夫之后，不可徒行也。"

【注释】

① **颜路**：即颜无繇，名无繇，字路，一字季路。颜回的父亲，鲁国人。孔子早期的弟子，与颜回不同时期进入孔子门下。《孔子家语·七十二弟子解》也称他为颜由，记载他"孔子始教学于阙里而受学，少孔子六岁"。据宦懋庸《论语稽》："且颜路于夫子，外兄弟也。"孔子与颜路是远房亲戚，很可能是孔子母亲颜征那一支的亲戚。
② **子**：指孔子。
③ **为**：变成，改变。
④ **椁**：套在棺材外面的大棺材。
⑤ **才不才**：有没有才。
⑥ **鲤**：即孔鲤，孔子的儿子。名鲤，字伯鱼。孔鲤出生时，鲁昭公送了条鲤鱼以示庆贺，孔子因此给他取名孔鲤。孔鲤在孔子69岁时去世，孔子没有为他置办椁。

【译义】

颜渊去世了,颜路请求孔子把车卖了为颜渊置办椁。孔子说:"不管颜渊和孔鲤有没有才,他们都是我们自己的儿子。孔鲤去世时,只有棺而没有椁。我不能卖掉车子步行而为他置办椁。因为我曾经做过大夫,是不可以步行的。"

11.9 颜渊死,子曰:"噫①!天丧予!天丧予!"

【注释】

① 噫:文言叹词,表示感慨、悲痛、叹息。

【译义】

颜渊去世了,孔子说:"哎!上天真是要了我的命!上天真是要了我的命!"

11.10 颜渊死,子哭之恸①。从者曰:"子恸矣。"曰:"有恸乎?非夫②人之为恸而谁为?"

【注释】

① 恸:过度悲伤。何晏《论语集解》引马融注、朱熹《论

语集注》:"恸,哀过也。"
② 夫(fú):文言指示代词,相当于"这"或"那"。

【译义】

颜渊去世了,孔子哭得很悲伤。随从说:"您太悲伤了。"孔子说:"我太悲伤了吗? 我不为这个人悲伤还为谁悲伤呢?"

11.11 颜渊死,门人欲厚①葬之。子曰:"不可。"门人厚葬之。子曰:"回也②视予犹父也,予不得视犹子也。非我也③,夫二三子也。"

【注释】

① 厚:不惜财力、隆重。
② 也:用在前半句的末了,表示停顿一下,舒缓语气,后半句将对前半句加以解说,对后半句有强调作用。
③ 非我也:不是我的主意。皇侃《论语义疏》引王弼注:"言厚葬非我之教,出乎门人之意耳。"

【译义】

颜渊去世了,孔子的弟子们想隆重地安葬他。孔子说:"不能这样做。"但弟子们仍然隆重地安葬了他。孔子说:"颜回把我当父亲一样看待,这样厚葬他,让我没办法把他当我儿子一样看待了,因为我儿子是薄葬的。厚葬不是我的主意,是学生们干的。"

11.12 季路①问事鬼神。子曰:"未能事②人,焉能事鬼?"曰:"敢问③死。"曰:"未知生,焉知死?"

【注释】

① 季路:子路。
② 事:事奉。
③ 敢问:敢,副词,表示冒昧。敢问指的是大胆、冒昧地请教。

【译文】

　　子路请教如何事奉鬼神。孔子说:"还没能事奉好活人,怎么能谈事奉鬼神呢?"子路又问:"我大胆地请教一下:如何看待死?"孔子说:"还没能了解生,怎么能去了解死呢?"

11.13 闵子①侍侧,訚訚如也②;子路,行行如也③;冉有、子贡,侃侃如也④。子乐。

"若由也，不得其死⑤然。"

【注释】

① 闵子：闵子骞。

② 訚訚如也：和悦、恭敬、严肃的样子。

③ 行（hàng）行（hàng）如也：刚强貌，雄赳赳、气昂昂的样子。

④ 侃侃如也：形容说话理直气壮、从容不迫、轻松随便的样子。

⑤ 不得其死：不得寿终的。

【译文】

闵子骞陪侍在孔子身边时，是和悦恭敬的样子；子路陪侍在孔子身边时，是雄赳赳、气昂昂的样子；冉有、子贡陪侍在孔子身边时，是说话从容不迫的样子。孔子很高兴。但又叹道："像仲由这个样子，会活不得寿终的。"

11.14 鲁人为① 长府②。闵子骞曰："仍③旧贯④，如之何⑤？何必改作？"子曰："夫人不言，言必有中⑥。"

【注释】

① 为：改建，指翻修改造。

② 长府：存储货财的地方。朱熹《论语集注》："长府，

藏名，藏货财曰府。"

③ 仍：因袭，保留。

④ 旧贯：原样。

⑤ 如之何：怎么样？

⑥ 中：达到要点，引申为问题的本质。

【译义】

鲁国人改建长府。闵子骞说："保留原样怎么样？何必一定要改建呢？"孔子说："闵子骞这个人不爱说话，一说话就说到问题的本质。"

11.15 子曰："由之瑟奚为于丘之门？"门人不敬子路。子曰："由也升堂矣，未入于室也。"

【注释】

① 由之瑟：古本多作由之鼓瑟，仲由弹瑟之义。何晏《论语集解》："子路鼓瑟，不合雅颂。"

【译义】

孔子说："仲由弹瑟（弹的不是《雅》《颂》之类的乐曲），为何要在我这里弹呢？"孔子的弟子们因此不尊敬子路。孔子便说："仲由的学问已经登堂了，只是还没有入室。"

11.16 子贡问:"师①与商②也孰贤?"子曰:"师也过③,商也不及④。"曰:"然则⑤师愈⑥与?"子曰:"过犹不及。"

【注释】

① 师:颛孙师,字子张。
② 商:卜商,字子夏。
③ 过:(做事)过头。
④ 不及:(做事)不够。
⑤ 然则:连词。连接句子,表示连贯关系,犹言"如此""那么"或"那么"。
⑥ 愈:较好,胜过。

【译义】

子贡问:"颛孙师和卜商谁更强一些?"孔子说:"颛孙师做事有些过头,卜商做事有些不够。"子贡问:"那么是颛孙师更强一些吗?"孔子说:"事情做得过头,就跟做得不够一样,都是不合适的。"

11.17 季氏①富于周公②,而求也为之聚敛而附③益④之。子曰:"非吾徒也,小子鸣鼓⑤而攻之,可也。"

【注释】

① 季氏:季康子。
② 周公:周公旦。此处周公在古注中有两种解释。一是指周朝的公侯,如何晏《论语集解》:"周公,天子之宰卿士也。"皇侃《论语义疏》也持此义,并进一步做了解释,"周公,天子臣。食采于周,爵为公,故谓为周公也,盖周公旦之后也。"二是指周公旦,朱熹等持此义。
③ 附:另外加上。
④ 益:更加。
⑤ 鸣鼓:击鼓,引申为声讨。

【译义】

季康子比周公还富有,然而冉求却还为他继续聚敛财富,让他更富有。孔子说:"他不是我的学生了,你们大张旗鼓地声讨他吧!"

11.18 柴①也愚,参也鲁②,师也辟③,由也喭④。

【注释】

① 柴:字子羔,一作子皋、子高、季高。《孔子家语·七

十二弟子解》说他是齐国人，比孔子小40岁，身高不足六尺，容貌丑陋，但为人笃孝、公正，曾做过"武城宰"，据说是孔门弟子中从政时间最长的。

② 鲁：鲁钝。

③ 辟：偏颇，偏激。

④ 喭（yàn）：鲁莽。

【译文】

高柴愚笨，曾参鲁钝，颛孙师偏激，仲由鲁莽。

11.19 子曰："回也其庶①乎，屡空②。赐不受③命④而货殖⑤焉，亿⑥则屡中⑦。"

【注释】

① 庶：差不多。朱熹《论语集注》："庶，近也，言近道也。"

② 屡空：空，穷、匮乏。屡空指经常贫乏、一无所有。

③ 受：接受。

④ 命：天命。

⑤ 货殖：殖，生财谋利。货殖指经商。

⑥ 亿：臆测，预料。朱熹《论语集注》："亿，意度也。"

⑦ 中：达到要点，猜对。

【译义】

　　孔子说:"颜回差不多接近道了吧,却经常贫乏一无所有。端沐赐不接受天命的安排,去做生意,他对行情的猜测多次猜对了。"

11.20 子张问善人之道。子曰:"不践迹,亦不入于室①。"

【注释】

① **不践迹,亦不入于室**:如果不循着前人的脚步走,就难以抵达圣人之道。古注中有两种常见的解释,一是善人就算是循着前人的脚步,也有些创新,但还是没有抵达圣人之道,如何晏《论语集解》引孔安国注:"言善人不但循追旧迹而已,亦少能创业,然亦不入于圣人之奥室。"二是善人不应当循着前人的脚步走,而应该有所创新,但这也还没有抵达圣人之道。

【译义】

　　子张请教做善人的方法。孔子说:"如果不循着前人的脚步走,就难以抵达圣人之道。"

11.21 子曰:"论①笃②是③与④,君子者乎?色庄者乎?"

【注释】

① 论:言辞,说话。
② 笃:诚恳。
③ 是:助词,把行为对象提前,表示只这样做。
④ 与:赞许,赞赏。

【译文】

孔子说:"我赞赏说话诚恳的人,但也要看他是君子呢?还是表面上装作庄重的人呢?"

11.22 子路问:"闻①斯行②诸?"子曰:"有父兄在,如之何其闻斯行之?"冉有问:"闻斯行诸?"子曰:"闻斯行之。"公西华曰:"由也问闻斯行诸,子曰'有父兄在';求也问闻斯行诸,子曰'闻斯行之'。赤也惑,敢问③。"子曰:"求也退④,故进⑤之;由也兼人⑥,故退之。"

【注释】

① 闻:听见。

② **行**：行动，做。
③ **敢问**：谦辞，"不敢问"的简称，冒昧、请问的意思。
④ **退**：迟缓，畏缩。
⑤ **进**：鼓励。
⑥ **兼人**：好胜急进之人。朱熹《论语集注》："兼人，谓胜人也。"

【译义】

　　子路向孔子请教说："听了就要去做吗？"孔子说："有父兄在，怎么能听了就去做呢？"冉有也向孔子请教说："听了就要去做吗？"孔子说："听了就要去做。"公西华对孔子说："仲由请教听了就要去做吗，您说有父兄在，不能这样做；冉求请教听了就要去做吗，您却说听了就要去做。我很迷惑，大胆请教您这样说的原因。"孔子说："冉有做事退缩，因此我要鼓励他；仲由好胜急进，因此我要抑制他。"

11.23　子畏①于匡，颜渊后②。子曰："吾以女为死矣。"曰："子在，回何敢死？"

【注释】
① **畏**：围困。
② **后**：落在后面。何晏《论语集解》引孔安国注："言与孔子相失，故在后。"

【译文】

　　孔子在匡被围困,颜渊落在了后面。等颜渊追上后,孔子说:"我以为你死了呢。"颜回说:"您还活着,我怎么敢死呢?"

11.24　季子然①问:"仲由、冉求可谓大臣与?"子曰:"吾以子为异②之问,曾③由与求之问。所谓人臣者,以道事君,不可则止。今由与求也,可谓具臣④矣。"曰:"然则⑤从之者与?"子曰:"弑父与君,亦不从也。"

【注释】

① 季子然:季氏子弟,生平已不可考。
② 异:别的,其他的。何晏《论语集解》引孔安国注:"谓子问异事耳。"
③ 曾:竟,原来。
④ 具臣:随波逐流的臣子。刘敞《春秋意林》:"具臣者,其位下,其责薄,小从可也,大从罪也。"陈天祥《四书辨疑》:"盖子然闻夫子具臣之言,意谓具臣为旅进旅退随众之人,故以从之者与为问。"
⑤ 然则:连词,连接句子,表示连贯关系,犹言"如此,那么"或"那么"。

【译文】

　　季子然向孔子请教说:"仲由、冉求,可以称为大臣吗?"孔子说:"我以为你会问别的什么事情呢,原来问的是仲由与冉求呀。所谓大臣,就是用道服侍君主,如果行不通,宁愿辞职不干。现在仲由与冉求这两个人,只能称得上是随波逐流的臣子了。"季子然说:"那么他们是言听计从的人吗?"孔子说:"杀父亲和杀君主的事情,他们是不会跟着干的。"

11.25　子路使子羔为费宰。子曰:"贼夫人之子①。"子路曰:"有民人焉,有社稷②焉,何必读书,然后为学③?"子曰:"是故恶④夫佞⑤者。"

【注释】

① **贼夫人之子**:贼,害;夫,文言指示代词,相当于"这"或"那"。贼夫人之子指的是害了人家的儿子,引申为误人子弟。
② **社稷**:古代帝王、诸侯所祭的土神和谷神,此处借指事神。
③ **然后为学**:然后才算是学问。
④ **恶**:讨厌。
⑤ **佞**:巧言善辩。

【译文】

子路让子羔做费地的地方官。孔子说:"这简直是误人子弟。"子路说:"那个地方有老百姓,有土神和谷神,治民事神也是学问,难道一定要读书才算是学问吗?"孔子说:"所以我讨厌巧言善辩的人。"

11.26 子路、曾晳①、冉有、公西华侍坐②。子曰:"以③吾一日④长⑤乎尔,毋吾以也⑥。居⑦则曰:'不吾知也⑧!'如或知尔,则何以⑨哉?"子路率尔⑩对曰:"千乘之国,摄⑪乎大国之间,加⑫之以师旅⑬,因⑭之以饥馑。由也为⑮之,比及⑯三年,可使有勇,且知方⑰也。"夫子哂⑱之。"求!尔何如?"对曰:"方六七十,如五六十,求也为之,比及三年,可使足民。如其礼乐,以俟君子。""赤!尔何如?"对曰:"非曰能之,愿学焉。宗庙之事⑲,如会同⑳,端㉑章甫㉒,愿为小相㉓焉。""点!尔何如?"鼓瑟希,铿尔㉔,舍瑟而作㉕,对曰:"异乎三子者之撰㉖。"子曰:"何伤㉗乎?亦㉘各言其志也。"曰:"莫春者,春服既成,冠者五六人，童子六七人，浴乎沂，风乎舞雩㉙，咏而归。"夫子喟然叹曰："吾与点也！"三子者出，曾皙后。曾皙曰："夫三子者之言何如？"子曰："亦各言其志也已矣。"曰："夫子何哂由也？"曰："为国以礼，其言不让㉚，是故哂之。""唯求则非邦也与？""安见㉛方六七十如五六十而非邦也者？""唯赤则非邦也与㉜？""宗庙会同，非诸侯而何？赤也为之小㉝，孰能为之大？"

【注释】

① **曾皙**，名点，字子皙。曾参的父亲，鲁国人。是孔子早期的弟子。
② **侍坐**：陪坐。
③ **以**：介词，因为。
④ **一日**：一天，引申为短暂的时间。
⑤ **长**：年长。
⑥ **毋吾以也**：倒装句，毋以吾也，不要拿我的年长当回事。皇侃《论语义疏》："言吾今一日年齿长大于汝耳，汝等无以吾年长而不敢言己志气也。"
⑦ **居**：时常，动不动。
⑧ **不吾知也**：倒装句，不知吾也，不了解自己的意思。
⑨ **以**：做，从事。

⑩ **率尔**：急遽貌，轻率不加思索的样子。

⑪ **摄**：夹处，夹在。

⑫ **加**：举兵加临。

⑬ **师旅**：军队（侵犯）。

⑭ **因**：接连，还有。

⑮ **为**：治理，处理。

⑯ **比及**：等到。

⑰ **方**：遵守礼义。朱熹《论语集注》："方，向也，谓向义也。民向义则能亲其上，死其长矣。"

⑱ **哂**（shěn）：笑。

⑲ **宗庙之事**：祭祀。

⑳ **会同**：诸侯会盟。

㉑ **端**：礼服。

㉒ **章甫**：一种古代的礼帽，以黑布制成，始于殷代，殷亡后存于宋国。

㉓ **小相**：小赞礼人。

㉔ **铿尔**："铿"的一声，指曾点把瑟放下时发出的洪亮声音。

㉕ **作**：站起来。

㉖ **撰**：志向。

㉗ **伤**：妨碍。

㉘ **亦**：表示加强或委婉的语气，不过，只是。

㉙ **舞雩**（yú）：雩，古代为求雨而举行的一种祭祀。舞雩指古代求雨时举行的伴有乐舞的祭祀，此处指举行舞雩祈雨仪式的土台。

㉚ 让：谦让。

㉛ 安见：哪里见。

㉜ 唯求则非邦也与：冉求讲的不也是国家吗？

㉝ 小：小相，小赞礼人。

【译义】

　　子路、曾晳、冉有、公西华陪孔子坐着。孔子说："虽然我比你们年长一些，但也不要把我的年长当回事。你们时常说：'没人了解我呀！'假如有人了解你们，任用了你们，那么你们会如何做呢？"子路不假思索地回答说："一个拥有千辆兵车的国家，夹在大国之间，外有别国军队侵犯，内有饥荒。让我治理它的话，只要三年，就可让民众勇敢，并且懂得遵守礼义。"孔子听了，微微一笑。孔子又问："冉求！你会如何做呢？"冉求回答说："一个方圆六七十里，或五六十里的小国家，让我治理它的话，只要三年，就可以让民众丰衣足食。至于礼乐，要等待君子来推行了。"孔子又问："公西赤！你会如何做呢？"公西赤说："不敢说我一定能够做到，但我愿意学着去做。在宗庙祭祀，或者在同别国的会盟中，我愿意穿着礼服，戴着礼帽，做一个小赞礼人。"孔子又问："曾点！你会如何做呢？"这时曾点鼓瑟的声音逐渐降低，接着"铿"的一声把瑟放下，站起身来，回答说："我的志向与他们三位说的不同。"孔子说："有什么关系呢？不过各自谈谈自己的志向而已。"曾点说："暮春时节，穿上了春天的衣服，我和五六位成年人，六七个少年，在沂水中沐浴，在舞雩台上吹风，然后唱着歌回家。"孔子感慨地说："我赞赏曾点的想法。"子路、冉有、公西华三个人都出去了，曾皙走在后面。曾皙说："这三个人说的话如何？"孔子说："不过是各自谈谈自己的志向罢了。"曾皙说："您为何笑仲由呢？"孔子说："应该用礼让治理国家，可是他说话一点也不谦让，所以我笑他。"曾皙又说："冉求讲的不是国家吗？"孔子说："哪里见得一个方圆六七十里或者五六十里的地方不是国家呢？"曾皙又说："公西赤讲的不是国家吗？"孔子说："有自己的宗庙，有与别国的会盟，不是国家又是什么呢？公西赤如果只能做个小赞礼人的话，那谁能做大赞礼人呢？"

颜渊第十二

论语译注

12.1 颜渊问仁。子曰:"克①己复②礼为仁。一日③克己复礼,天下归④仁焉⑤。为⑥仁由⑦己,而由人乎哉?"颜渊曰:"请问⑧其目⑨。"子曰:"非礼勿视,非礼勿听,非礼勿言,非礼勿动。"颜渊曰:"回虽不敏,请事⑩斯语矣。"

【注释】

① 克:克制,约束。
② 复:复归,还原,使如前。皇侃《论语义疏》:"复,犹反也。言若能自约俭己身,返反于礼中,则为仁也。"
③ 一日:一旦。
④ 归:同"与",赞赏、称许之义。朱熹《论语集注》:"归,犹与也。又言一日克己复礼,则天下之人皆与其仁,极言其效之甚速而至大也。"
⑤ 焉:语气词,置句末,表肯定,相当于"也""矣"。
⑥ 为:践行。
⑦ 由:听凭,靠。
⑧ 请问:敬辞,用于请求对方解答问题,犹试问,对人有所询问的敬辞。
⑨ 目:细则,具体内容。
⑩ 事:照……做。

【译文】

颜渊向孔子请教什么是仁。孔子说:"克制自己,让言行符合礼,这就是仁。一旦这样做到了,天下的人都会赞赏你的仁德。践行仁德全靠自己,难道靠别人吗?"颜渊说:"请问践行仁德的具体内容。"孔子说:"不符合礼的不要看,不符合礼的不要听,不符合礼的不要说,不符合礼的不要做。"颜渊说:"我虽然不聪明,也会照您的话去做。"

12.2 仲弓问仁。子曰:"出门如见大宾①,使②民如承③大祭。己所④不欲,勿施⑤于人。在邦⑥无怨,在家⑦无怨。"仲弓曰:"雍虽不敏,请事斯语矣。"

【注释】

① 大宾:贵宾。
② 使:役使。
③ 承:承担。
④ 所:助词,虚字。置于动词前,暗示动作达到的事物。
⑤ 施:给,给予。
⑥ 邦 ⑦ 家:邦是诸侯的封地,家是大夫的封地。何晏《论语集解》引包咸注:"在邦为诸侯,在家为卿大夫。"

【译文】

　　仲弓请教什么是仁。孔子说:"出门办事好像去接待贵宾，役使民众就像承担重大的祭祀。自己不想要的，不强加给别人。为诸侯做事没有怨言，为卿大夫做事没有怨言。"仲弓说："我虽然不聪明，也会照您的话去做。"

12.3 司马牛①问仁。子曰："仁者，其言也讱②。"曰："其言也讱，斯谓之仁已乎③？"子曰："为④之难，言之得⑤无讱乎？"

【注释】

① 司马牛：即司马耕，一名犁，子姓，向氏，字子牛，宋国人。孔子弟子，是那个要杀孔子，"拔其树"的司马桓魋的弟弟。《孔子家语·七十二弟子解》说他性格急躁，好与人争辩。他看到哥哥司马桓魋做坏事，心里常忧虑。

② 讱（rèn）：说话缓慢谨慎。皇侃《论语义疏》："古者言之不出，恐行之不逮，故仁者必不易出言，故云其言也讱。"

③ 已乎：语气词连用，以加强疑问语气。

④ 为：做。

⑤ 得：能不。

【译义】

　　司马牛请教什么是仁。孔子说："仁人，说话谨慎。"

司马牛说:"说话谨慎,这就可以称为仁了吗?"孔子说:"做起来难,说话能不谨慎吗?"

12.4 司马牛问君子。子曰:"君子不忧不惧。"曰:"不忧不惧,斯谓之君子已乎?"子曰:"内省①不疚②,夫何忧何惧?"

【注释】
① 内省:内心反省自己的思想和言行,检查有无过失。
② 疚:愧疚后悔。

【译义】
　　司马牛请教怎样做才是君子。孔子说:"君子不忧愁、不畏惧。"司马牛说:"不忧愁、不畏惧,这样做就称之为君子了吗?"孔子说:"自己问心无愧,那还有什么忧愁和畏惧的呢?"

12.5 司马牛忧曰:"人皆有兄弟,我独①亡②。"子夏曰:"商闻之矣:死生有命,富贵在天。君子敬③而无失,与人恭而有礼,四海④之内,皆兄弟也。君子何患乎无兄弟也?"

【注释】

① 独：唯独。

② 亡：同"无"，没有。司马牛并不是真的没有兄弟，据刘大櫆《论语偶记》，司马牛有向魋、向巢、子颀、子车等几个兄弟，只不过他们都参与了犯上作乱，司马牛不把他们看作自己的兄弟。

③ 敬：（做事）谨慎。

④ 四海：古人认为中国四周环海，因之称四方为"四海"，此处引申为天下。

【译义】

司马牛忧愁地说："别人都有兄弟，唯独我没有。"子夏说："我听说：人的生死都是命中注定的，人的富贵都决定于天。君子只要做事谨慎，不出差错，对人恭敬有礼，那么，天下的人都是自己的兄弟了。君子何愁没有兄弟呢？"

12.6 子张问明。子曰："浸润之谮①，肤受之愬②，不行③焉，可谓明也已矣。浸润之谮，肤受之愬，不行焉，可谓远也已矣。"

【注释】

① 浸润之谮（zèn）：浸润，指谗言逐渐发生作用；谮，毁

谤、诬陷。浸润之谮指的是谗言如水之渗透，积久而逐渐发生作用，引申为暗中潜移默化的诽谤。何晏《论语集解》引郑玄注："谮人之言，如水之浸润，渐以成之。"

② **肤受之愬**（sù）：肤受，亲身感受；愬，诋毁、诬陷别人。"肤受之愬"指的是好像皮肤感觉到疼痛的那样诬告，引申为公开疾风暴雨的诋毁。

③ **不行**：行不通。

【译文】

子张请教怎么做才是明智。孔子说："暗中潜移默化的诽谤，公开疾风暴雨的诋毁，在你那里都行不通，那你可以称为明智了。暗中潜移默化的诽谤，公开疾风暴雨的诋毁，在你那里都行不通，那你也可以称为有远见了。"

12.7 子贡问①政②。子曰："足食，足兵，民信之矣。"子贡曰："必不得已③而去④，于斯三者何先？"曰："去兵。"子贡曰："必不得已而去，于斯二者何先？"曰："去食。自古皆有死，民无信不立。"

【注释】

① 问：请教。

② 政：处理政务。
③ 不得已：不得不。
④ 去：去掉。

【译义】
　　子贡请教如何处理政务。孔子说："粮食充足，军备充足，民众信任。"子贡说："如果一定不得不去掉一项，那么在这三者中哪一项先去掉呢？"孔子说："去掉军备。"子贡说："如果一定不得不再去掉一项，那么在余下的两项中哪一项先去掉呢？"孔子说："去掉粮食。自古以来人总是要死的，如果民众不信任，国家就立不住脚了。"

12.8　棘子成①曰："君子质而已矣②，何以文为？"子贡曰："惜乎，夫子之说君子也！驷③不及舌④。文犹⑤质也，质犹文也。虎豹之鞹⑥犹犬羊之鞹。"

【注释】
① 棘子成：卫大夫，生平已不可考。
② 已矣：语气词，用于句末，与"矣"同义。
③ 驷（sì）：套着四匹马的车。
④ 舌：言语。
⑤ 犹：相似。

⑥ 鞹(kuò)：皮革。

【译文】

棘子成说："君子只讲究内在本质就可以了，为何还要讲究外在文饰呢？"子贡说："可惜呀，您这么谈论君子！一言既出，驷马难追。外在文饰和内在本质是同等重要的。去掉了毛的虎豹皮与去掉了毛的犬羊皮就是一样的了。"

12.9 哀公问于有若曰："年①饥②，用③不足，如之何？"有若对曰："盍④彻⑤乎？"曰："二⑥，吾犹不足⑦，如之何其彻也？"对曰："百姓足，君孰与⑧不足？百姓不足，君孰与足？"

【注释】

① 年：收成。
② 饥：庄稼收成不好。
③ 用：开支。
④ 盍(hé)：何不，表示反问或疑问。
⑤ 彻：彻法，十取一的税法。何晏《论语集解》引郑玄注："周法，十一而税谓之彻。"
⑥ 二：十分抽二。

⑦ 足：够。

⑧ 孰与：怎么会。

【译义】

哀公向有若请教说："收成不好，国家的开支不够，应该怎么办呢？"有若回答说："为何不实行彻法呢？"哀公说："十分抽二我还不够，怎么能十分抽一呢？"有若回答说："如果百姓的开支够，您怎么会不够呢？如果百姓的开支不够，您又怎么会够呢？"

12.10 子张问崇德辨惑。子曰："主忠信，徙义①，崇德也。爱之欲其生，恶之欲其死。既欲其生，又欲其死，是惑也。'诚不以富，亦祇以异②。'"

【注释】

① 徙义：唯义是从。何晏《论语集解》引包咸注："徙义，见义则徙意而从之。"

② 诚不以富，亦祇（zhī）以异：这是《诗经·小雅·我行其野》篇的最后两句。这首诗表达了一个被遗弃的女子对她丈夫的愤怒。诗的意思是你抛弃我不是因为她家比我家富，只是因为你变心了。

【译义】

　　子张请教如何提高品德、辨别迷惑。孔子说:"亲近忠信之人,唯义是从,这就是提高品德了。爱一个人,希望他活下去,厌恶一个人,希望他立刻死去。既要他活,又要他死,这就是迷惑。《诗》上说:'(你抛弃我)不是因为她家比我家富,只是因为你变心了。'"

12.11　齐景公①问政于孔子。孔子对曰:"君君,臣臣,父父,子子。"公曰:"善哉!信如②君不君,臣不臣,父不父,子不子,虽③有粟,吾得而食诸?"

【注释】

① 齐景公:姜姓,名杵臼。齐国国君。《史记·齐世家》说他"好治宫室,聚狗马,奢侈,厚赋重刑"。晏婴做他宰相时,他能听得进晏婴的劝谏。所以,他在位58年,齐国发展相对平稳,为后来齐国成为战国七雄之一奠定了基础。
② 信如:诚如,如果真是。
③ 虽:连词,即使。

【译义】

　　齐景公向孔子请教如何处理政务。孔子回答说:"国君要像个国君,臣子要像个臣子,父亲要像个父亲,儿子要像个儿子。"齐景公说:"说得太对了!如果真是国君不像个国君,臣子不像个臣子,父亲不像个父亲,儿子不像个儿子,即使有粮食,我能够吃得着吗?"

12.12 子曰:"片言①可以折②狱者,其由也与?"子路无宿诺③。

【注释】

① 片言:又称单辞,诉讼中单方面的话。何晏《论语集解》:"片犹偏也。听讼必须两辞以定是非,偏信一言以折狱者,惟子路可也。"

② 折:判决。

③ 无宿诺:没有隔夜的许诺,凡有承诺,都及时兑现,不会拖延到第二天。古注有两种解释。一是不提前许诺,如何晏《论语集解》:"宿,犹豫也。子路笃信,恐临时多故,故不豫诺。"皇侃也是类似的解释,程树德比较赞成这种解释;二是没有隔夜的许诺,朱熹《论语集注》:"宿,留也,犹宿怨之宿。急于践言,不留其诺也。"

【译义】

孔子说:"仅凭单方面的话就能判决案件的人,大概只有仲由吧!"子路没有隔夜的许诺。

12.13 子曰:"听讼①,吾犹人也。必也使无讼乎。"

【注释】

① 听讼:审理案件。刘宝楠《论语正义》:"听讼者,言听其所讼之辞以判曲直也。"据《周官·小司寇》记载,古人有"辞听、色听、气听、耳听、目听"五种听讼之法。

【译文】

孔子说:"审理案件,我和别人一样。但我和别人不同的是,我一定要让天下无讼。"

12.14 子张问政。子曰:"居①之无倦,行②之以忠。"

【注释】
① 居:任职。
② 行:做事。

【译义】

子张请教如何处理政务。孔子说:"任职不倦怠,做事尽忠诚。"

12.15 子曰:"博学于文,约之以礼,亦可以弗畔矣夫。"

【译义】

孔子说:"广泛地学习了文化典籍,再用礼来加以约束,也就可以不离经叛道了!"

12.16 子曰:"君子成①人之美,不成人之恶。小人反是。"

【注释】

① 成:成全,助长。朱熹《论语集注》:"成者,诱掖奖劝以成其事也。君子小人所存既有厚薄之殊,而其所好又有善恶之异,故其用心不同如此。"

【译义】

孔子说:"君子成全别人的好事,不助长别人的错误。

小人与此相反。"

12.17 季康子问政于孔子。孔子对曰:"政者,正也。子帅①以正,孰敢不正?"

【注释】
① 帅:同"率",带头。

【译文】
　　季康子向孔子请教如何处理政务。孔子回答说:"政就是正的意思。您带头正,谁还敢不正呢?"

12.18 季康子患盗①,问于孔子。孔子对曰: "苟②子之③不欲④,虽赏之不窃。"

【注释】
① 患盗:苦于鲁国盗贼太多。据《汲冢琐语》记载:"鲁国多盗,季康治之,获一人焉。诘之曰:'汝何以盗?'对曰:子大夫为政不能不盗,何以诘吾盗。"
② 苟:如果。
③ 之:助词,用于强调或补足语气,无义。
④ 欲:贪欲。

【译义】

　　季康子苦于鲁国盗贼太多,向孔子请教。孔子回答说:"如果您没有贪欲,即使奖励偷盗,也没人去盗窃。"

12.19　季康子问政于孔子曰:"如杀无道,以就①有道,何如?"孔子对曰:"子为政,焉用杀?子欲善而民善矣。君子之德风,小人之德草,草上之风,必偃②。"

【注释】

① 就:亲近。
② 偃:倒下。何晏《论语集解》引孔安国注:"偃,仆也。加草以风,无不仆者,犹民之化于上。"

【译义】

　　季康子向孔子请教如何处理政务,说:"如果杀掉坏人,亲近好人,怎么样?"孔子回答说:"您处理政务,哪里用得着杀人呢?您要是想做好事,民众也会跟着做好事的。君子的德行好比是风,小人的德行好比是草,风吹到草上,草一定会倒下。"

12.20　子张问:"士何如斯可谓之达①矣?"子

曰："何哉，尔所谓达者？"子张对曰："在邦必闻②，在家必闻。"子曰："是闻也，非达也。夫达也者，质③直④而好义，察言而观色，虑以下人⑤。在邦必达，在家必达。夫闻也者，色取⑥仁而行违，居之⑦不疑。在邦必闻，在家必闻。"

【注释】

① 达：通达，指阅历广博且能通晓人情世故。
② 闻：闻名，此处指徒有虚名。
③ 质：品性。
④ 直：正直。
⑤ 虑以下人：虑，思虑、谋划；下人，甘居人下。虑以下人指谦恭待人。
⑥ 取：装着（仁的样子）。
⑦ 居之：以仁人自居。

【译文】

子张问："士怎么样才可称为通达？"孔子说："你所说的通达是什么意思呢？"子张回答说："在诸侯的封地做官时一定有名望，在大夫的封地里做官时一定有名望。"孔子说："这是闻名，不是通达。所谓通达就是品性正直，喜好道义，善于察言观色，经常想着谦恭待人。通达的人，在诸侯的封地做官时一定通达，在大夫的封地里做官时也一定通达。闻名的人,只是表面上装着仁的样子,但行动上违背仁,他们以仁人自居却从不怀疑。这种人,在诸侯的封地做官时一定有名望,在大夫的封地里做官时也一定有名望。"

12.21 樊迟从游①于舞雩之下,曰:"敢问崇德、修②慝③、辨惑。"子曰:"善哉问!先事④后得⑤,非崇德与?攻⑥其恶,无攻人之恶,非修慝与?一朝⑦之忿⑧,忘其身,以及其亲,非惑与?"

【注释】

① 游:为消遣、娱乐或观赏景物而走动。

② 修:改正。

③ 慝(tè):邪念。

④ 事:做事。

⑤ 得:收获。

⑥ 攻:反省,指责。

⑦ 一朝:一时。

⑧ 忿:愤怒,气愤。

【译文】

樊迟跟随孔子在舞雩台下散步时,说:"大胆向您请教怎样提高品德、改正邪念、辨别迷惑?"孔子说:"问得好!先努力做事,然后才有收获,这不就是提高品德吗?反省自己的错误,不指责别人的错误,这不就是改正邪念吗?由于一时的愤怒,就忘记了自己的安危,以至于连累了自己的父母,这不就是迷惑吗?"

 樊迟问仁。子曰:"爱人。"问知①。子曰:"知②人。"樊迟未达③。子曰:"举直错诸枉,能使枉者直。"樊迟退,见子夏曰:"乡④也吾见于夫子而问知,子曰:'举直错诸枉,能使枉者直',何谓也?"子夏曰:"富哉言乎!舜有天下,选于众,举皋陶,不仁者远⑤矣。汤有天下,选于众,举伊尹,不仁者远矣。"

【注释】

① 知:同"智"。
② 知:识别。
③ 达:明白,理解。
④ 乡:同"向",昔日,从前,此处指刚才。
⑤ 远:离开。皇侃《论语义疏》引蔡谟云:"远,去也。"

【译义】

　　樊迟请教什么是仁。孔子说:"爱人。"又请教什么是智。孔子说:"善于识别人才。"樊迟还是没有理解。孔子说:"选用正直的人,罢黜邪恶的人,能让邪恶的人变正直。"樊迟退下,遇见子夏说:"刚才我见到老师请教什么是智,老师说:'选用正直的人,罢黜邪恶的人,能让邪恶的人变正直',这是什么意思呢?"子夏说:"老师的话含义丰富呀!舜有了天下,在众人中挑选出了皋陶,不仁的人就离开了。汤有了天下,在众人中挑选出了伊尹,不仁的人就离开了。"

12.23　子贡问友。子曰:"忠告而善道①之,不可则止,毋自辱焉。"

【注释】

① 道:同"导"。

【译义】

　　子贡请教如何交友。孔子说:"尽心劝告并好好地引导他,他不听就算了,不要自取其辱。"

12.24　曾子曰:"君子以文①会②友,以友辅③仁。"

【注释】

① 文：礼乐文章。

② 会：结交。

③ 辅：辅助。

【译义】

曾子说："君子以礼乐文章结交朋友，依靠朋友帮助自己培养仁德。"

子路第十三

13.1 子路问政。子曰:"先之①劳之。"请益②。
子曰:"无倦③。"

【注释】

① 先之:做民众的表率。古注中一般有两种解释。一是做民众的表率,如朱熹《论语集注》引苏轼的话:"凡民之行,以身先之,则不令而行。凡民之事,以身劳之,则虽勤不怨。"二是先以德教导百姓,何晏《论语集解》引孔安国注:"先导之以德,使民信之,然后劳之。"
② 益:增加。
③ 倦:懈怠。

【译义】

子路请教如何处理政务。孔子说:"做民众的表率,然后让民众努力劳作。"子路请求再多讲一点。孔子说:"不要懈怠。"

13.2 仲弓为季氏宰,问政。子曰:"先有司①,赦②小过,举贤③才。"曰:"焉知贤才而举之?"曰:"举尔所知,尔所不知,人其舍诸④?"

【注释】

① 先有司：做官吏的表率。先有司在古注种一般有三种解释。一是做官吏的表率，今注一般持此论。二是先任命有关官员，如何晏《论语集解》引王肃曰："先有司，言为政当先任有司，而后责其事。"三是引导官吏。

② 赦：赦免。

③ 贤：贤能之才。

④ 举尔所知，尔所不知，人其舍诸？：选拔你所知道的，那些你所不知道的，难道别人会把他们埋没吗？皇侃《论语义疏》引范宁云："孔子以所知者则举之，尔不知者，他人自举之，各举所知，则贤才岂弃乎。"

【译义】

　　仲弓做了季氏的家臣，向孔子请教如何处理政务。孔子说："先任命有关官员，考察他们的工作时，赦免他们的小过错，选拔他们中的贤能之才。"仲弓说："怎么知道是贤能之才而把他们选拔出来呢？"孔子说："选拔你所知道的，那些你所不知道的，难道别人会把他们埋没吗？"

13.3　子路曰："卫君待① 子而为政，子将奚先？"子曰："必也正名② 乎！"子路曰："有是哉③，子之迂④ 也！奚其正？"子曰：

"野⑤哉由也！君子于其所不知，盖阙如⑥也。名不正，则言不顺⑦；言不顺，则事不成；事不成，则礼乐不兴；礼乐不兴，则刑罚不中⑧；刑罚不中，则民无所措手足⑨。故君子名之必可言也，言之必可行也。君子于其言，无所苟⑩而已矣。"

【注释】
① 待：等候。
② 正名：正名分，使名实相符。
③ 有是哉：有这样做的吗。
④ 迂：言行或见解陈旧不合时宜。
⑤ 野：不明白，无知。古注中一般有两种解释。一是不明白、无知，如何晏《论语集解》引孔安国注："野犹不达也。"二是鄙俗、粗野，如朱熹《论语集注》："野，谓鄙俗。责其不能阙疑而率尔妄对也。"
⑥ 阙如：阙，同"缺"。阙如指存疑。
⑦ 顺：（道理就）讲不通。
⑧ 刑罚不中：中，达到要点。"刑罚不中"指的是刑罚也就不能起到应有的作用。
⑨ 无所措手足：没有地方放置手和脚，引申为不知该怎么办才好。
⑩ 苟：马虎。

【译文】

　　子路说:"卫国国君等待着您去治理国政,您打算先做什么?"孔子说:"一定是先正名分。"子路说:"有这样做的吗?您的想法太不合时宜了!为何要正名分呢?"孔子说:"仲由,你太无知了!君子对自己所不知道的事情,大概会存疑。名分不正,道理就讲不通;道理讲不通,事情就做不成;事情做不成,礼乐教化就不会兴盛;礼乐教化不兴盛,刑罚也就不能起到应有的作用;刑罚不能起到应有的作用,民众就不知该怎么办才好。所以君子定下的名分,必须有明确的含义,能够说得明白,说出来一定能够行得通。君子对于自己所说的话,是从不马虎的。"

13.4　樊迟请学稼①。子曰:"吾不如老农②。"请学为圃。曰:"吾不如老圃③。"樊迟出。子曰:"小人哉,樊须也!上④好礼,则民莫敢不敬;上好义,则民莫敢不服;上好信,则民莫敢不用情⑤。夫如是,则四方之民襁负⑥其子而至矣,焉用稼?"

【注释】

① **稼**:种庄稼。
② **老农**:有经验的农民。
③ **老圃**:有经验的菜农。

④ 上：尊长或在上位的人。

⑤ 用情：说实话。古注中有两种解释。一是说实话，如何晏《论语集解》引孔安国注："情，情实也。言民化其上，各以情实应也。"朱熹也持此义；二是尽忠，如皇侃《论语义疏》引李充云："用情，犹尽忠也。"

⑥ 襁（qiǎng）负：襁，婴儿的被子或布幅。襁负指用襁褓背负。

【译义】

樊迟向孔子请教如何种庄稼。孔子说："我不如有经验的农民。"樊迟又请教如何种蔬菜。孔子说："我不如有经验的菜农。"樊迟出去了。孔子说："樊迟真是个小人呀！在上位者喜好礼，民众没有不敢不敬畏的；在上位者喜好义，民众没有不敢不服从的；在上位者喜好信，民众没有敢不说实话的。如果是这样，天下的民众就会用襁褓背负着孩子来投奔了，哪里还需要自己去种庄稼呢？"

13.5　子曰："诵①《诗》三百，授②之以政，不达③；使④于四方，不能专对⑤；虽多，亦奚以为⑥？"

【注释】

① 诵：熟读。

② 授：交给。

③ 达：没有完成，引申为处理不好。

④ 使：出使。

⑤ 专对：不能独立应对。

⑥ 亦奚以为：又有什么用呢。

【译义】

孔子说："熟读《诗》三百篇，交给他政务，处理不好；出使国外，不能独立应对；即使《诗》读了很多，又有什么用呢？"

13.6 子曰："其身①正，不令而行；其身不正，虽令不从。"

【注释】

① 身：自身。

【译义】

孔子说："自身行为端正，就算不发号施令，民众也会去做；自身行为不端正，就算发号施令，民众也不会听从。"

13.7 子曰:"鲁、卫之政,兄弟①也。"

【注释】

① 兄弟:比喻两者相当,不相上下。据苏轼《论语解》,这个时候是鲁哀公七年(公元前488年),卫出公五年(公元前488年)。卫国的政治是父不父、子不子,卫出公最后客死越国;鲁国的政治是君不君、臣不臣,鲁哀公最后也是客死越国。两国的政局很类似。

【译文】

孔子说:"鲁国、卫国的政局,就像兄弟一样差别不大。"

13.8 子谓卫公子荆①,"善居室②。始有,曰'苟③合④矣'。少⑤有,曰'苟完⑥矣'。富有,曰'苟美⑦矣'。"

【注释】

① 卫公子荆:字楚南。卫献公的儿子。因鲁哀公有个儿子也叫公子荆,所以此处加一个卫字,以示区别。
② 居室:居家过日子。
③ 苟:差不多。朱熹《论语集注》:"苟,聊且粗略之意。"

④ 合：足，足够。

⑤ 少：稍微。

⑥ 完：完备。

⑦ 美：完美。

【译义】

孔子谈到卫国的公子荆时，说："他善于居家过日子。刚开始有一点财产的时候，便说'差不多够了'。当稍微再增加了一点财产时，便说'差不多完备了'。当达到富裕充足时，便说'差不多完美了'。"

13.9 子适^①卫，冉有仆^②。子曰："庶^③矣哉！"冉有曰："既^④庶矣，又何加^⑤焉？"曰："富之。"曰："既富矣，又何加焉？"曰："教之。"

【注释】

① 适：到……去。

② 仆：驾车。朱熹《论语集注》："仆，御车也。"

③ 庶：多。

④ 既：已经。

⑤ 加：增加、施加，引申为在前面的基础上再做些什么。

【译义】

孔子到卫国去，冉有驾车。孔子说："人真多呀！"冉有说："人口已经很多了，又该再做些什么呢？"孔子说："让他们富有。"冉有又说："如果已经富有了，又该再做些什么呢？"孔子说："教化他们。"

13.10 子曰："苟有用我者，期月①而已可也，三年有成②。"

【注释】

① 期月：一整年。皇侃《论语义疏》："期月，谓年一周也。"
② 成：获得成功。皇侃《论语集解》："大成。"朱熹《论语集注》："治功成也。"

【译义】

孔子说："如果有人用我治理国家，一年就可以初见成效，三年就可以获得成功。"

13.11 子曰："'善人为①邦百年，亦可以胜残去杀②矣。'诚哉是言也！"

【注释】

① 为：治理。

② 胜残去杀：感化恶人、抛弃刑杀。朱熹《论语集注》："胜残，化残暴之人，使不为恶也。去杀，谓民化于善，可以不用刑杀了。"

【译文】

孔子说："'善人治理国家，经过一百年，也可以感化恶人、抛弃刑杀了。'这话说得真对呀！"

13.12 子曰："如有王者，必世①而后仁。"

【注释】

① 世：三十年。何晏《论语集解》引孔安国注："三十年曰世。"

【译文】

孔子说："如果有王者出现，必须三十年后才能实现仁政。"

13.13 子曰："苟正其身矣，于从政乎何有①？不能正其身，如正人何？"

【注释】

① 于从政乎何有：处理政务还有什么难的呢。

【译文】

孔子说："如果端正了自身，处理政务还有什么难的呢？如果没有端正自身，如何端正别人呢？"

13.14 冉子①退朝②。子曰："何晏③也？"对曰："有政。"子曰："其④事⑤也。如有政，虽不吾以⑥，吾其与闻之。"

【注释】

① 冉子：冉有。
② 朝：此时冉有仕于季氏，为"季氏宰"。
③ 晏：晚。
④ 其：殆，大概，表示揣测。
⑤ 事：平常的事务。韩愈、李翱《论语笔解》："事者，非谓常行事也。"
⑥ 以：任用。

【译文】

冉有处理完公务回来。孔子说："为何回来这么晚呢？"冉有回答说："有政事。"孔子说："大概是平常的事务吧。如果有政事,虽然国君不任用我了,我也会知道的。"

13.15 定公问:"一言而可以兴邦,有诸?"孔子对曰:"言不可以若是,其几也①。人之言曰:'为君难,为臣不易。'如知为君之难也,不几乎②一言而兴邦乎?"曰:"一言而丧③邦,有诸?"孔子对曰:"言不可以若是,其几也。人之言曰:'予无乐乎为君,唯其言而莫予违也④。'如其善⑤而莫之违也,不亦善乎⑥?如不善而莫之违也,不几乎一言而丧邦乎?"

【注释】

① **言不可以若是,其几也**:其几,接近、差不多。不可能有这样的话,但有接近这个意思的话。古注一般有两种解释,一是不可能有这样的话,有接近的话。如皇侃《论语义疏》:"几,近也。然一言虽不可即使兴,而有可近于兴邦者,故云其几也。"二是话不能寄予这样的效果,如朱熹《论语集注》:"几,期也。《诗》曰:'如几如式。'言一言之间,未可以如此而必期其效。"

② **几乎**:将近于,接近于。

③ 丧：灭亡。
④ 唯其言而莫予违也：唯，只是；莫，没有；予违，违予。唯其言而莫予违也指的是我所高兴的只在于我的话没有人敢违抗。
⑤ 善：正确。
⑥ 善：很好。

【译义】

　　鲁定公请教说："一句话就可以让国家兴盛，有这样的事吗？"孔子回答说："不可能有这样的话，但有接近这个意思的话。有人说：'做君主难，做臣子也不容易。'如果知道做君主的难处，这不接近于一句话就可以让国家兴盛吗？"鲁定公又请教："一句话就可以让国家灭亡，有这样的事吗？"孔子回答说："不可能有这样的话，但有接近这个意思的话。有人说：'我做国君没有什么可高兴的，我所高兴的只在于我的话没有人敢违抗。'如果说得正确而没有人违抗，不是很好吗？如果说得不正确却没有人违抗，这岂不接近于一句话便让国家灭亡吗？"

13.16　叶公问政。子曰："近者说①，远者来②。"

【注释】

① 说：同"悦"，高兴。
② 来：来归附。

【译文】

　　叶公向孔子请教如何处理政务。孔子说:"要让您治下的民众高兴,让不在您治下的民众前来归附。"

13.17　子夏为莒父①宰,问政。子曰:"无欲速,无见小利。欲速则不达,见②小利则大事不成。"

【注释】

① 莒(jǔ)父:鲁国邑名。
② 见:只看见。

【译文】

　　子夏做莒父的地方官,向孔子请教如何处理政务。孔子说:"不要求快,不要只看见小利。求快反而达不成目的,只看见小利就做不成大事。"

13.18　叶公语孔子曰:"吾党①有直躬者②,其父攘③羊,而子证④之。"孔子曰:"吾党之直者异于是。父为子隐⑤,子为父隐,直在其中矣。"

【注释】

① 党：古代地方组织的名称，五百家为一党，此处引申为家乡。

② 直躬者：正直的人。何晏《论语集解》："直躬，直身而行。"

③ 攘：偷，窃。

④ 证：告发。

⑤ 隐：隐瞒。刘宝楠《论语正义》引郑玄注："隐，谓不称扬其过失也。"

【译义】

叶公对孔子说："我家乡有个正直的人，他的父亲偷了羊，他便去告发了他父亲。"孔子说："我家乡的正直的人的做法与你们的不同。父亲为儿子隐瞒，儿子为父亲隐瞒，正直的品德就在这里面了。"

13.19 樊迟问仁。子曰："居①处恭，执事②敬，与人忠。虽之③夷狄，不可弃④也。"

【注释】

① 居：平时。

② 执事：担任工作。

③ 之：到。

④ 弃：丢弃，抛弃。何晏《论语集解》引包咸注："虽之夷狄无礼义之处，犹不可弃去而不行。"

【译文】

樊迟请教怎样做才是仁。孔子说："平时端庄，做事认真，与人交往忠诚。即使到了夷狄之地，这些品德也不可抛弃。"

13.20 子贡问曰："何如①斯可谓之士矣？"子曰："行己有耻，使于四方，不辱君命，可谓士矣。"曰："敢问其次②？"曰："宗族③称④孝焉，乡党称弟焉。"曰："敢问其次？"曰："言必信，行必果，硁硁⑤然小人哉！抑⑥亦可以为次矣。"曰："今之从政者何如？"子曰："噫！斗筲⑦之人，何足算也？"

【注释】

① 何如：怎样。
② 次：次一等。
③ 宗族：宗族（中的人）。
④ 称：称赞。

⑤ 硁硁（kēng）：见识浅薄而顽固的小人的样子。何晏《论语集解》引郑玄注："硁硁者，小人之貌也。"

⑥ 抑：助词，用于句首，无义。

⑦ 斗筲（shāo）：斗，量粮食的器具，可容十升；筲，用来装饭的竹器，可容纳一斗二升。斗和筲都是容量不大的容器，斗筲比喻见识短浅。

【译义】

　　子贡向孔子请教说："怎样才能称为士呢？"孔子说："自己做事情有羞耻心，出使国外，没有辜负国君的使命，这种人可以称为士了。"子贡说："请问次一等的呢？"孔子说："宗族中的人称赞他孝顺父母，乡里的人称赞他敬重兄长。"子贡又说："请问再次一等的呢？"孔子说："说的话一定要守信，做事情一定要果断，这是见识浅薄而顽固的小人的样子呀！不过也可以说是再次一等的士了。"子贡说："现在从政的人怎么样呢？"孔子说："咳！这些见识短浅的人，他们哪里算得上士呢？"

13.21 子曰："不得中行①而与②之，必也狂狷③乎！狂者进取，狷者有所不为也。"

【注释】

① 中行：奉行中庸之道（的人）。凌鸣喈《论语解义》：

"中行者,依中庸而行者。"

② 与:结交,交往。

③ 狂狷(juàn):志高激进的人和拘谨耿介的人。宦懋庸《论语稽》:"狂似太过,狷似不及,皆美才也。中行无过不及,得天独优,较易裁成,然不可得。惟就地取才,培之植之,至于有成,亦与中行无异。"

【译文】

孔子说:"我找不到奉行中庸之道的人和他交往,只能与志高激进的人和拘谨耿介的人交往了!激进的人敢作敢为,耿介的人有些事是不肯做的。"

13.22 子曰:"南人①有言曰:'人而无恒②,不可以作巫医。'善夫!""不恒其德,或③承④之羞。"⑤子曰:"不占⑥而已矣。"

【注释】

① 南人:南方人。何晏《论语集解》引孔安国注:"南人,南国之人。"

② 恒:恒心。

③ 或:也许,可能。

④ 承:招致。

⑤ 不恒其德,或承之羞:引自《易经·恒卦》九三爻辞。

⑥ 占：占卜。

【译文】

孔子说："南方有人曾说过：'人如果没有恒心，就不能做巫医。'这句话说得真好！"《易经》中说："人如果不能长久地保持自己的德行，就可能会招致羞辱。"孔子又说："没有恒心的人不必去占卜了。"

13.23 子曰："君子和①而不同，小人同而不和。"

【注释】

① 和：和谐。陈天祥《四书辨疑》："中正而无乖戾，然后为和。凡在君父之侧，师长朋友之间，将顺其美，匡救其恶，可者献之，否者替之，结者解之，离者合之，此君子之和也。而或巧媚阴柔，随时俯仰，人曰可，己亦曰可，人曰否，己亦曰否，惟言莫违，无唱不和，此小人之同也。"

【译文】

孔子说："君子讲和谐而不是盲从，小人讲盲从而不是和谐。"

13.24 子贡问曰:"乡人皆好之,何如?"子曰:"未可也。""乡人皆恶之,何如?"子曰:"未可也。不如乡人之善者好之,其不善者恶之。"

【译文】

子贡请教说:"一乡之人都喜欢的人,这个人怎么样?"孔子说:"不能认定就是个好人。"子贡说:"一乡之人都讨厌的人,这个人怎么样?"孔子说:"不能认定就是个坏人。好人是一乡中的好人都喜欢他,一乡中的坏人都讨厌他。"

13.25 子曰:"君子易事①而难说②也。说之不以道,不说也;及其③使④人也,器⑤之。小人难事而易说也。说之虽不以道,说也;及其使人也,求备⑥焉。"

【注释】

① 事:事奉。
② 说:同"悦",高兴。
③ 及其:等他。
④ 使:用。
⑤ 器之:量才录用。何晏《论语集解》:"器之,度材而

任官也。"

⑥ 求备：求全责备。

【译义】

孔子说："君子容易事奉但难以取悦。不用正当的方式取悦他，他是不会高兴的；但等他用人的时候，他会量才录用。小人难以事奉却容易取悦。不用正当的方式取悦他，他也高兴；等他用人的时候，他会求全责备。"

13.26 子曰："君子泰①而不骄②，小人骄而不泰。"

【注释】

① 泰：泰然自若。
② 骄：傲慢。

【译义】

孔子说："君子泰然自若而不傲慢，小人傲慢而不泰然自若。"

13.27 子曰："刚①、毅②、木③、讷④近仁。"

【注释】

① 刚：刚强。皇侃《论语义疏》："刚者性无求欲。"
② 毅：果断。皇侃《论语义疏》："毅者性果敢。"
③ 木：质朴。皇侃《论语义疏》："木者质朴。"
④ 讷：言语谨慎。皇侃《论语义疏》："讷者言语迟钝。"

【译义】

孔子说："刚强、果断、质朴、言语谨慎，（具备这四种品德的人）接近于仁。"

13.28 子路问曰："何如斯可谓之士矣？"子曰："切切偲偲，怡怡如也，可谓士矣。朋友切切偲偲①，兄弟怡怡②。"

【注释】

① 切切偲偲（sī）：相互勉励。何晏《论语集解》引马融注："切切偲偲，相切责之貌。"
② 怡怡：特指兄弟和睦的样子。

【译义】

子路向孔子请教说："怎样才能称为士呢？"孔子说："相互勉励，和睦相处，可以称为士了。朋友之间相互勉励，兄弟之间和睦相处。"

13.29 子曰:"善人教民七年①,亦可以即戎②矣。"

【注释】

① 七年:约数,形容时间长。吴嘉宾《论语说》:"七年,谓其久也。凡以数为约者,皆取诸奇,若一,若三,若五,若七,若九。九者,数之究也。古人三载考绩,三考而后黜陟,皆中间一年而考,五年则再考,七年则三考,故三年为初,七年为终。"
② 即戎:即,开始从事。即戎指用兵、作战。

【译文】

孔子说:"善人教化民众七年,也可以让他们去作战了。"

13.30 子曰:"以①不教民②战,是谓弃③之。"

【注释】

① 以:用。
② 不教民:没有受过军事训练的民众。有训练的士卒叫练士、教卒,没有训练的士卒叫驱众、白徒。
③ 弃:舍去,扔掉,送命。

【译义】

孔子说:"用未经训练的民众去作战,这叫抛弃他们。"

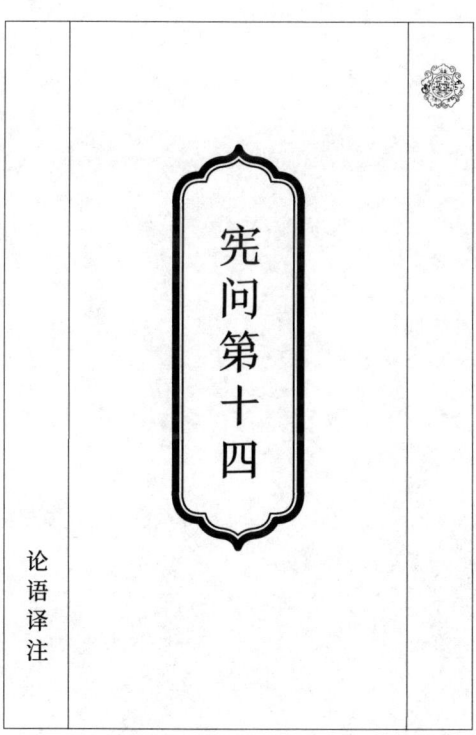

宪问第十四

14.1 宪问耻①。子曰:"邦有道,谷②;邦无道,谷,耻也。""克③、伐④、怨⑤、欲⑥不行⑦焉,可以为仁矣?"子曰:"可以为难矣,仁则吾不知也。"

【注释】

① 耻: 耻辱。
② 谷: 谷物,引申为做官领俸禄。
③ 克: 好胜。
④ 伐: 自夸。
⑤ 怨: 怨恨。
⑥ 欲: 贪欲。
⑦ 不行: 克服。

【译义】

原宪向孔子请教什么是耻辱。孔子说:"太平盛世时,做官领俸禄;乱世时,还做官领俸禄,这就是耻辱。"原宪又请教说:"克服了好胜、自夸、怨恨、贪欲这四种毛病的话,可以说是仁人了吗?"孔子说:"可以说是难能可贵了,是不是仁人,那我就不知道了。"

14.2 子曰:"士而怀①居②,不足以③为士矣。"

【注释】

① 怀：留恋。
② 居：住所，引申为安逸的生活。朱熹《论语集注》："居，谓意所便安处也。"
③ 不足以：不配。

【译文】

孔子说："一个士如果留恋安逸的生活，那他就不配称为士了。"

14.3 子曰："邦有道，危①言危行；邦无道，危行言孙②。"

【注释】

① 危：正直的。危字在古注中有三种解释。一是品格极高，如朱熹《论语集注》："危，高峻也。"二是严厉，如何晏《论语集解》引包咸注："危，厉也。"三是正直，如《广雅》："危，正也。"
② 孙：同"逊"，谦虚谨慎之义。宦懋庸《论语稽》："邦无道，则当留有用之身匡济时变，故举动虽不可苟，而要不宜高谈以招祸也。"

【译文】

孔子说："太平盛世时，说话正直，行为正直；乱世时，行为正直，但说话要谦虚谨慎。"

14.4 子曰："有德者必有言①，有言者不必有德。仁者必有勇，勇者不必有仁。"

【注释】
① 有言：有德行的言论。皇侃《论语义疏》引李充的话："德音高合，发为明训，声满天下，若出金石，有德之言也。"

【译文】
孔子说："有德行的人一定有有德行的言论，但有德行言论的人不一定有德行。仁人一定勇敢，但勇敢的人不一定有仁德。"

14.5 南宫适问于孔子曰："羿①善射，奡②荡舟③，俱不得其死④然。禹、稷⑤躬稼⑥而有天下。"夫子不答。南宫适出，子曰："君子哉若人⑦！尚⑧德哉若人！"

【注释】
① 羿：据传是夏代有穷氏的国君，擅长射箭，曾夺取了夏

太康的王位，后被其臣寒浞（zhuó）所杀。
② 奡（ào）：妘姓，寒氏，名浇。他的父亲寒浞，曾杀死了羿和夏朝国君相安。奡据说善水性、孔武有力，甚至能陆地行舟。
③ 荡舟：覆陆地行舟，用手推着舟在陆地行走。
④ 不得其死：没能寿终。
⑤ 稷：姬姓，名弃，又称后稷。善于种植各种粮食作物，曾在尧舜时代当农官，教民耕种，被认为是开始种稷和麦的人。据传是周部落的始祖。
⑥ 躬稼：耕田与种植，引申为劳作。
⑦ 若人：这人。
⑧ 尚：崇尚。

【译文】

南宫适向孔子请教说："羿擅长射箭，奡能陆地行舟，但他们都没能寿终。禹、稷亲自下地劳作却取得了天下。"孔子没有回答。南宫适出去后，孔子说："这个人真是君子呀！这个人真崇尚德行呀！"

14.6 子曰："君子而不仁者有矣夫，未有小人而仁者也。"

【译文】

孔子说："君子中没有仁德的人是有的，小人中有仁德的人是没有的。"

14.7 子曰:"爱之,能勿劳^①乎?忠焉,能勿诲^②乎?"

【注释】

① 劳:操劳。古注中一般有三种解释。一是操劳、劳心,如皇侃《论语义疏》引李充的话:"爱之不能不劳心。"二是慰劳,如何晏《论语集解》引孔安国注:"言人有所爱,必欲劳来之。"班固《白虎通》中,把孔注的"劳"解释为慰劳。三是劝勉,如王引之《经义述闻》引高诱注:"劳,勉也。"王引之认为劳解释为勉的话正好与后面的诲并称。

② 诲:劝导,劝告。朱熹《论语集注》引苏轼的话:"爱而勿劳,禽犊之爱也。忠而勿诲,妇寺之忠也。爱而知劳之,则其为爱也深矣。忠而知诲之,则其为忠也大矣。"

【译义】

孔子说:"爱他,能不为他操劳吗?忠于他,能不对他劝告吗?"

14.8 子曰:"为命①,裨谌②草③创④之,世叔⑤讨论之,行人⑥子羽⑦修饰⑧之,东里子产⑨润色之。"

【注释】

① 为命:发布的政令。
② 裨谌:郑大夫,也叫裨灶。据说他善于谋划,在野外谋划的事情容易成功,在城邑内谋划的事情容易失败。所以,郑国有会盟活动时,让裨谌乘车到野外,让他谋做盟会之辞。
③ 草:起草。
④ 创:撰写。
⑤ 世叔:郑大夫,游吉,字子大叔,世叔是子大叔的另一种叫法。郑国大夫。子产去世后,他接替子产的相位。他长于外交辞令,多次出使晋、楚等国。
⑥ 行人:官职,负责外交。
⑦ 子羽:郑大夫,公孙挥,字子羽。
⑧ 修饰:修改润饰文句。
⑨ 东里子产:参见5.16注①子产。

【译文】

孔子说:"郑国发布的政令,是由裨谌起草,世叔提意见,负责外交的子羽修饰,最后由子产润色定稿。"

14.9 或问子产。子曰:"惠人①也。"问子西②。曰:"彼哉!彼哉!"问管仲。曰:"人③也。夺④伯氏骈邑⑤三百,饭疏食,没齿⑥无怨言。"

【注释】

① 惠人: 施惠于民的人。
② 子西: 楚昭王的令尹公子申。子西是吴兵入楚后,辅佐楚昭王复国的功臣,两度让政,亦有令名。但不听叶公之劝,引发白公之乱,他死在了这次内乱之中。
③ 人: 同"仁",仁人。
④ 夺: 削夺。
⑤ 骈(pián)邑: 骈地的食邑。
⑥ 没齿: 到死。

【译义】

　　有人向孔子请教子产是个什么样的人。孔子说:"是个能施惠于人的人。"他又请教子西是个什么样的人。孔子说:"他呀!他呀!"他又请教管仲是个什么样的人。孔子说:"他是个仁人。他削夺了伯氏骈邑三百户的封地,以至于伯氏只能吃粗劣的饭,但伯氏到死都没有怨言。"

14.10 子曰:"贫而无怨难,富而无骄易。"

【译义】

孔子说:"贫困而不抱怨很难做到,富有而不骄傲容易做到。"

14.11 子曰:"孟公绰①为赵、魏老②则优,不可以为滕、薛大夫。"

【注释】

① 孟公绰:姬姓,三桓之中的孟氏族人。鲁国大夫。朱熹说他"廉静寡欲而短于才"。
② 老:大夫的家臣。何晏《论语集解》引孔安国注:"家臣称老。"

【译义】

孔子说:"孟公绰做晋卿赵氏、魏氏的家臣是绰绰有余的,但不能做滕国、薛国这类小国的大夫。"

14.12 子路问成人①。子曰:"若臧武仲②之知③,公绰之不欲④,卞庄子⑤之勇,冉求之艺,文⑥之以礼乐,亦可以为成人矣。"曰:"今之成人者何必然?见利思义，见危授⁷命，久要⁸不忘平生⁹之言⑩，亦可以为成人矣。"

【注释】

① **成人**：完人。朱熹《论语集注》："成人，犹言全人。"
② **臧武仲**：姬姓，臧孙氏，名纥，一名臧纥。鲁国大夫。他才智兼备，但不容于权臣，逃到了齐国。在齐国发挥了自己的治国之才，还成功避开了齐国内乱的牵连，所以孔子说他智。
③ **知**：同"智"，智慧。
④ **不欲**：清心寡欲。范宁《论语注》："不欲，不营财利也。"
⑤ **卞庄子**：即管庄子、卞严子、辨庄子。鲁国卞邑大夫。据《韩诗外传》记载，卞庄子是个孝子，并以勇敢知名，他随军作战时，三战三败，受人耻笑。母亲去世后，他请求再战，勇敢异常。在一次战斗中，他杀敌七十人，最后力尽而亡。
⑥ **文**：修养。
⑦ **授**：付出。
⑧ **要**：困境。
⑨ **平生**：平时。
⑩ **言**：诺言。

【译文】

子路向孔子请教如何才是完人。孔子说："如果具有像臧武仲一样的智慧,孟公绰一样的清心寡欲,卞庄子一样的勇敢,冉求一样的才艺,再加上礼乐的修养,这样可以说是完人了。"孔子又说:"现在的完人何必要这样呢?见到了利就想到了道义,遇到了国家危险便愿意付出生命,久处困境也不忘平时的诺言,这样也可以说是完人了。"

14.13 子问公叔文子①于公明贾②曰:"信乎,夫子不言、不笑、不取③乎?"公明贾对曰:"以告者过④也。夫子时⑤然后言,人不厌其言;乐然后笑,人不厌其笑;义然后取,人不厌其取。"子曰:"其然?岂其然乎?"

【注释】

① **公叔文子**:即公叔发,或公孙发,又名公叔拔。卫国的卿,曾被访问过卫国的吴国季札评价为卫国君子。公叔文子曾举荐自己的家臣做了卫国大臣,孔子知道后,认为他将来可以被谥为文。据《檀弓》记载,公叔文子去世后,他儿子到国君处请谥。国君说,以前卫国发生饥荒,公叔文子向饥饿的人施粥,这可以称为惠;当卫国发生危难时,公叔文子誓死护君,这可以称为贞;公叔文子处理政务时,内政外政都处理得很好,这可以称为文。所以给他谥号"贞惠文子"。

② 公明贾：卫臣，公明是氏，贾是名。卫国人。

③ 取：索取。

④ 过：错。

⑤ 时：（恰当）时机。

【译义】

　　孔子向公明贾问到公孙文子，说："他老人家不说、不笑、不索取，是真的吗？"公明贾回答说："把这话告诉你的人说错了。他在恰当时机才说话，因此人们不讨厌他的话；快乐了才笑，因此人们不讨厌他的笑；（对财物）应该取时才取，因此人们不讨厌他的取。"孔子说："是这样吗？难道真是这样吗？"

 14.14 子曰："臧武仲以防①求②为后③于鲁，虽曰不要④君，吾不信也。"

【注释】

① 防：臧武仲的封地，在今山东费县。公元前550年，臧武仲因帮助季氏废长立幼，得罪孟孙氏，逃到邾，从邾回防邑后，以防邑为交换条件，请求让他被废的哥哥回来继承臧氏。如果鲁君不答应，他就据邑反叛。最后，鲁君答应了他的请求。

② 求：请求。

③ 为后：立后，此处指确立臧氏封爵的继承人。
④ 要：要挟。

【译文】

孔子说："臧武仲凭借他的封地防邑请求鲁君在鲁国为臧氏立后，虽然有人说他不是要挟鲁君，但我是不相信的。"

14.15 子曰："晋文公①谲②而不正，齐桓公③正而不谲。"

【注释】

① 晋文公：姬姓，晋氏，名重耳。曾在外逃亡19年，后做晋国国君，在位9年，在介子推等人的辅佐下，成为春秋五霸之一，也为三晋（赵国、魏国、韩国）位列战国七雄奠定了基础。晋文公曾召周天子到践土会盟，孔子认为"以臣召君，不可以训"，所以评价他"谲而不正"。

② 谲（jué）：诡诈。

③ 齐桓公：姜姓，齐氏，名小白。齐国第15位国君，在管仲的辅佐下，曾九合诸侯，一匡天下，成为春秋五霸之首。齐桓公一直打着尊王攘夷的旗号，维护周王室的利益。当楚国没有向周王室缴纳应缴的包茅时，

齐桓公出兵讨伐。马融认为，这就是孔子评价齐桓公正而不谲的原因。

【译文】

孔子说："晋文公诡诈而不正直，齐桓公正直而不诡诈。"

14.16 子路曰："桓公杀公子纠，召忽①死之，管仲不死。"曰："未仁乎？"子曰："桓公九②合③诸侯，不以④兵车⑤，管仲之力⑥也。如其仁⑦，如其仁！"

【注释】

① 召（shào）忽：齐国人，与管仲一同辅佐齐桓公的哥哥公子纠。公子纠在与自己的弟弟齐桓公争王位中被杀，召忽为尽人臣之礼而自杀，管仲则转而辅佐了齐桓公。

② 九：约数，引申为多次。

③ 合：召集。

④ 以：是。

⑤ 兵车：兵车之会，指依靠武力召集的会盟。衣裳之会是以和平手段召集的会盟。

⑥ 力：功劳。

⑦ 如其仁：谁能像他这么仁。朱熹《论语集注》："如其

仁，言谁如其仁者。又再言以深许之。"

【译文】

子路说："齐桓公杀了公子纠，召忽为公子纠自杀，管仲却没有自杀。"子路接着说："管仲不能算是仁人吧？"孔子说："管仲多次召集诸侯国之间的盟会，而不是诉诸武力，这都是管仲的功劳。这就是他的仁德！这就是他的仁德！"

14.17 子贡曰："管仲非仁者与？桓公杀公子纠，不能死，又相①之。"子曰："管仲相桓公，霸诸侯，一匡②天下，民到于今受其赐③。微④管仲，吾其⑤被⑥发左衽⑦矣。岂若⑧匹夫匹妇⑨之为谅⑩也，自经⑪于沟渎⑫而莫之知也？"

【注释】

① 相：辅佐。
② 匡：让……回到正轨。朱熹《论语集注》："匡，正也。尊周室，攘夷狄，皆所以正天下也。"
③ 赐：好处。
④ 微：无，没有。
⑤ 其：殆，大概，表示揣测。

⑥ 被：同"披"，披散。

⑦ 左衽（rèn）：衽，衣襟。我国古代某些少数民族的服装，前襟向左掩，异于中原一带的右衽。左衽指衣襟向左开。

⑧ 岂若：难道像。

⑨ 匹夫匹妇：普通民众。班固《白虎通义》："匹夫匹妇者，谓庶人也。言其无德及远，但夫妇相为配匹而已。"

⑩ 谅：小信。朱熹《论语集注》："谅，小信也。"

⑪ 经：缢，上吊，引申为自杀。

⑫ 沟渎：沟渠。

【译义】

　　子贡说："管仲不能算是仁人吧？齐桓公杀了公子纠，他不仅没有为公子纠自杀，反而去辅佐齐桓公。"孔子说："管仲辅佐齐桓公，使齐国称霸诸侯，并使天下回到正轨，民众到如今还享受到他的好处。如果没有管仲，我们大概是披散着头发、衣襟向左边开着，沦落为夷狄了。难道他也要像普通民众一样遵守小信，在沟渠中自杀而无人知道吗？"

14.18　公叔文子之臣大夫僎①与文子同升②诸③公④。子闻之，曰："可以为'文'矣。"

【注释】

① **大夫僎（zhuàn）**：公叔文子（公叔发）的家臣，名僎。何晏《论语集解》引孔安国注："大夫僎本文子家臣，荐之使与己并为大夫，同升在公朝。"

② **升**：（由家臣）晋升。

③ **诸**：代词兼介词，"之于"的合音。

④ **公**：公朝，卫国的朝廷，此处引申为做卫国的大夫。朱熹《论语集注》："公，公朝。谓荐之与己同进为公朝之臣也。"

【译义】

公叔发的家臣僎，由于公叔发的推荐，与公叔发一起做了卫国的大夫。孔子知道后，说："将来可以给公叔发'文'的谥号了。"

14.19 子言卫灵公①之无道也，康子②曰："夫如是，奚而不丧③？"孔子曰："仲叔圉④治⑤宾客，祝鲍⑥治宗庙，王孙贾⑦治军旅⑧。夫如是，奚其丧？"

【注释】

① **卫灵公**：姬姓，名元。卫国国君，在位42年。孔子周游列国时，在卫国前后待了约有10年的时间，对那里非常

熟悉。可能是因为卫灵公宠幸南子,好德不如好色,才有无道之说。但在《孔子家语·贤君》中,当鲁哀公问孔子,谁是当今的贤君时,孔子回答说,我没有见过,也许是卫灵公吧。可见,孔子对卫灵公评价并不低。

② **康子**:即季康子。

③ **丧**:失去(政权),倒台。朱熹《论语集注》:"丧,失位也。"

④ **仲叔圉**,即孔圉,擅长接待宾客,有外交才能。因敏而好学、不耻下问,死后被谥为文,所以也被称为孔文子。

⑤ **治**:处理,此处引申为接待。

⑥ **祝鮀**:参见6.16注①祝鮀。

⑦ **王孙贾**:擅长军事,生平已不可考。

⑧ **军旅**:军队。

【译义】

孔子谈到卫灵公无道的时候,季康子说:"既然这样的话,他为何没有倒台呢?"孔子回答说:"因为他有仲叔圉接待宾客,祝鮀主管祭祀,王孙贾统帅军队。像这样,怎么会倒台呢?"

14.20 子曰:"其言之不怍①,则为之也难。"

【注释】

① **不怍**(zuò):大言不惭。朱熹《论语集注》:"大言不

惭,则无必为之志,而不自度其能否矣。欲践其言,岂不难哉。"

【译文】

孔子说:"一个人如果大言不惭,那他做起来就一定是困难的。"

14.21 陈成子①弑简公。孔子沐浴而朝,告于哀公曰:"陈恒弑其君,请讨之。"公曰:"告夫三子②。"孔子曰:"以吾从大夫之后③,不敢不告也。君曰'告夫三子'者!"之三子告,不可④。孔子曰:"以吾从大夫之后,不敢不告也。"

【注释】

① 陈成子:即田恒,妫姓,田氏,名恒。原为陈恒,古音田、陈音近,也称为田恒。齐国大夫。陈恒去世后谥号为"成",所以也称陈成子或田成子。公元前481年,陈恒发动政变,杀死了阚止和齐简公,拥立齐简公的弟弟为国君。之后,陈恒擅权,尽诛鲍、晏诸族。作为大夫的陈成子杀死自己的国君,所以孔子用"弑"。

② 三子:三位大夫,即掌握鲁国大权的三桓:孟孙氏、季孙氏、叔孙氏。何晏《论语集解》:"谓三卿也"。

③ 从大夫之后：跟随在大夫们的后面，指做过大夫。

④ 可：同意（派兵讨伐）。

【译义】

　　陈成子杀了齐简公，孔子知道后，立即沐浴斋戒后上朝，报告鲁哀公说："陈恒杀了他的君主，请讨伐他。"哀公说："你去报告给那三位大夫吧。"孔子退出来后，说："因为我曾做过大夫，所以不敢不来报告。国君却说'你去报告给那三位大夫吧'！"孔子去向那三位大夫报告，但他们不同意派兵讨伐。孔子又说："因为我做过大夫，所以不敢不来报告。"

14.22 子路问事君。子曰："勿欺也，而犯①之。"

【注释】

① 犯：犯颜，指冒犯君王或尊长的威严。朱熹《论语集注》："犯，谓犯颜谏争。"

【译义】

　　子路请教如何事奉君主。孔子说："不能欺骗他，但可以犯颜直谏。"

14.23 子曰:"君子上①达,小人下②达。"

【注释】

① 上② 下:上是仁义,下是财利。古注中一般有三种解释。一是上是道、下是器,如苏辙《古史》:"君子上达,小人下达,而孔子自谓下学而上达者。洒扫应对诗书礼乐,皆所从学也,而君子由是以达其道,小人由是以得其器。达其道,故万变而致一;得其器,故有守而不荡,此孔子之所以两得之也。"二是上是仁义、下是财利,如皇侃《论语义疏》:"上达者,达于仁义也。下达,谓达于财利。"三是上是天理、下是人欲,如朱熹《论语集注》:"君子循天理,故日进乎高明。小人徇人欲,故日究乎污下。"

【译义】

孔子说:"君子通晓仁义,小人通晓财利。"

14.24 子曰:"古之学者为己①,今之学者为人。"

【注释】

① 为己:为了提高自己。皇侃《论语义疏》:"古人所学,己未善,故学先王之道,欲以自己行之,成己而已

也。今之世学，非复为补己之行阙，正是图能胜人，欲为人言己之美，非为己行不足也。"

【译义】

孔子说："古人学习是为了提高自己，今人学习是为了给别人看。"

14.25 蘧伯玉①使②人于③孔子，孔子与之坐而问焉，曰："夫子何为？"对曰："夫子欲寡其过而④未能也。"使者出，子曰："使乎！使乎！⑤"

【注释】

① 蘧（qú）伯玉：姬姓，蘧氏，名瑗，字伯玉。卫国大夫。孔子的朋友，孔子称其为君子。孔子周游列国时，两次住在蘧伯玉家。
② 使：派使者。
③ 于：介词，到。
④ 而：连词，表转折，然而，但是。
⑤ 使乎！使乎！：好一位使者！好一位使者！

【译义】

蘧伯玉派了一个使者去拜访孔子，孔子请使者坐下，问道:"他老先生在做什么呢?"使者回答说:"他老先生想少犯错误,但还没能做到。"使者出去后,孔子说:"好一位使者!好一位使者!"

14.26 子曰:"不在其位①,不谋②其政③。"曾子曰:"君子思不出其位。"

【注释】

① 位:职位。
② 谋:考虑,谋划。
③ 政:职位上的事情。

【译义】

　　孔子说:"不在那个职位上,就不考虑那个职位上的事情。"曾子说:"君子所考虑的事情不超出自己的职责范围。"

14.27 子曰:"君子耻其言而过其行。"

【译义】

　　孔子说:"君子以说得多而做得少为羞耻。"

14.28 子曰:"君子道者三,我无能①焉:仁者不忧,知②者不惑,勇者不惧。"子贡曰:"夫子自道③也。"

【注释】

① 能:做到。
② 知:同"智",智慧。
③ 自道:说的是自己。

【译义】

孔子说:"君子之道有三个方面,我都没有做到:仁德的人不忧虑,智慧的人不迷惑,勇敢的人不畏惧。"子贡说:"老师说的正是他自己。"

14.29 子贡方①人。子曰:"赐也贤乎哉②?夫我则不暇③。"

【注释】

① 方:比较。古注中一般有两种解释。一是比较,如刘宝楠《论语正义》:"是方循比也。学以相辅而成,故朋友切磋,最为学道之益。夫子尝问子贡与回孰愈,又子贡问子张、子夏孰愈,夫子亦未斥言不当问,是正取其能比方人也。"何晏、皇侃、朱熹等持此义;二

是指责，方同"谤"，如钱坫《论语后录》、潘维城《论语古注集笺》、孙志祖《读书脞录》、黄式三《黄氏后案》、黄宗羲《明儒学案》等都持此义。
② 乎哉：语气助词，表感叹。
③ 暇：空闲、闲工夫。

【译义】

　　子贡喜欢与别人比较。孔子说："你真比别人强吗？我可没这闲工夫。"

14.30 子曰："不患①人之不己知②，患其③不能也。"

【注释】

① 患：忧虑，担心。
② 知：明白，了解。
③ 其：代词，指自己。

【译义】

　　孔子说："不担心别人不了解自己，只担心自己没有能力。"

14.31 子曰:"不逆①诈,不亿②不信,抑③亦先觉④者,是贤乎!"

【注释】

① 逆:预先。

② 亿:同"臆",臆测。

③ 抑:文言连词,表转折,然而的意思。

④ 先觉:事先察觉。

【译义】

孔子说:"不预先怀疑别人欺诈,也不臆测别人不守信用,然而一旦有欺诈和不守信用,就能事先察觉,这样的人就是贤人吧!"

14.32 微生亩①谓孔子曰:"丘何为是栖栖②者与?无乃为佞③乎?"孔子曰:"非敢为佞也,疾固④也。"

【注释】

① 微生亩:姓微生,名亩,可能就是前文提到的微生高,参见5.24注②微生高。

② 栖栖:忙碌不安。

③ 为佞:成了花言巧语的人。朱熹《论语集注》:"为

佞，言其务为口给以说人也。"

④ 固：固执。

【译义】

微生亩对孔子说："孔丘，你为何这么忙碌不安地游说呢？你不就成了花言巧语的人吗？"孔子说："我哪敢花言巧语，我只是厌恶那些固执的人。"

14.33 子曰："骥^①不称^②其力，称其德也。"

【注释】

① 骥：千里马。
② 称：称赞。

【译义】

孔子说："千里马值得称赞的不是它的气力，而是它的品德。"

14.34 或曰："以德^①报^②怨^③，何如？"子曰："何以报德？以直^④报怨，以德报德。"

【注释】

① 德：恩惠。朱熹《论语集注》："德，谓恩惠也。"
② 报：报答。
③ 怨：怨恨。
④ 直：正直。朱熹《论语集注》："于其所怨者，爱憎取舍，一以至公而无私，所谓直也。"

【译义】

有人说："用恩惠报答怨恨，怎么样？"孔子说："用什么报答恩惠呢？应该用正直报答怨恨，用恩惠报答恩惠。"

14.35 子曰："莫我知也夫！"子贡曰："何为其莫知子也？"子曰："不怨天，不尤①人，下学而上达。知我者其天乎！"

【注释】

① 尤：责怪。

【译义】

孔子说："没人了解我啊！"子贡说："为何别人不了解您呢？"孔子说："我不抱怨天，也不责怪人，我通过学习礼乐知识从而通晓了天命。了解我的大概只有天了！"

14.36 公伯寮①愬②子路于季孙。子服景伯③以告，曰："夫子④固有惑志于公伯寮，吾力犹能肆⑤诸市朝⑥。"子曰："道之将行也与，命也；道之将废也与，命也。公伯寮其如命何？"

【注释】

① 公伯寮（liáo）：字子周。鲁国人。可能是孔子弟子，曾做过"季氏宰"。《史记·仲尼弟子列传》记载他"字子周"，《孔子家语·七十二弟子解》中没有关于他的记载。
② 愬：诽谤。
③ 子服景伯：子服是氏，景是谥号，伯是行辈。鲁国大夫。据《左传》记载，他曾参与过鲁国国君宫殿的救火、吴国与鲁国的会盟、与子贡出使齐国等事情。看此章，子服景伯应该与孔门弟子比较熟悉。
④ 夫子：此处指季氏。
⑤ 肆：陈列，此处指曝尸街头。
⑥ 市朝：街头。

【译文】

公伯寮向季孙诽谤子路。子服景伯把这件事情告诉了孔子，并且说："季孙氏已经被公伯寮迷惑了，对于公伯寮，我的力气还能够杀死他，把他曝尸街头。"孔子说："我的主张如果能够得到推行的话，是天命决定的；我的主张如果得不到推行的话,也是天命决定的。公伯寮能把天命怎么样呢?"

14.37 子曰:"贤者辟①世②,其次辟地③,其次辟色④,其次辟言⑤。"子曰:"作⑥者七人⑦矣。"

【注释】

① 辟:同"避",躲避。

② 世:乱世。

③ 地:危地。

④ 色:难看的脸色。

⑤ 言:恶言。

⑥ 作:做到。

⑦ 七人:具体是哪七个人,在古注中有不同的说法。郑玄认为是"伯夷、叔齐、虞仲、荷蓧、长沮、桀溺、柳下惠、少连、荷蒉、楚狂接舆"十人。因此,郑玄认为七是十字之误;包咸认为是"长沮、桀溺、丈人、晨门、荷蒉、仪封人、楚狂接舆";王弼认为是"伯夷、叔齐、虞仲、夷逸、朱张、柳下惠、少连"。

【译文】

孔子说:"贤人躲避乱世,次一等的躲避危地,再次一等的躲避难看的脸色,再次一等的躲避恶言。"孔子接着说:"这样做到的有七个人了。"

14.38　子路宿于石门①。晨门②曰:"奚自?"子路曰:"自孔氏。"曰:"是知其不可而为之者与?"

【注释】

① 石门:曲阜城北约 25 千米处的一座山,因有两峰对峙,宛如石门,故名石门山。孔子曾在此山读《易经》,致韦编三绝。李白杜甫游齐鲁时,曾在此山宴别,孔子后人孔尚任在此山隐居时,写出了传世佳作《桃花扇》。
② 晨门:守门人。

【译文】

　　子路在石门山住了一晚。第二天早上进城时,守门的人问他:"你从哪儿来?"子路说:"从孔子那儿来。"守门的人说:"就是那个明知道做不到却还要去做的人吗?"

14.39　子击磬①于卫,有荷②蒉③而过孔氏之门者,曰:"有心④哉,击磬乎!"既而⑤曰:

"鄙⑥哉,硁硁⑦乎!莫己知也,斯己⑧而已矣。深则厉⑨,浅则揭⑩。"子曰:"果⑪哉!末之难矣⑫。"

【注释】

① 磬(qìng):古代乐器,用石或玉雕成,悬挂于架上,敲击而鸣。

② 荷:挑。

③ 蒉(kuì):古代用草编的筐子,一般用来盛土。

④ 心:心事。

⑤ 既而:时间连词,用在全句或下半句的句头,表示上文所发生的情况或动作后不久。

⑥ 鄙:粗俗。

⑦ 硁硁:击磬的声音。

⑧ 斯己:自己相信自己。何晏《论语集解》:"此硁硁徒信己而已,言亦无益也。"

⑨ 厉:涉水穿着衣服过河。何晏《论语集解》引包咸注:"以衣涉水为厉。"

⑩ 揭:撩起衣服过河。朱熹《论语集注》:"摄衣涉水曰揭。"

⑪ 果:果断,干脆。

⑫ 末之难矣:没有什么困难了。古注中有三种解释。一是不能解决自己的困难,如何晏《论语集解》:"无难者,以其不能解己之道。"二是让他不讥笑我是很难的,如皇侃《论语义疏》:"但我道之深远,彼是中

人，岂能知我？若就彼中人求无讥者，则为难矣。"三是没什么困难了，如朱熹《论语集注》："且人之出处若但如此，则亦无所难矣。"

【译义】

孔子在卫国，有次正在击磬。有个挑着草筐的人经过孔子的门口，说："这个击磬的人有心事呀！"过了一会又说："粗俗呀！硁硁的磬声好像是说没人了解自己。没人了解自己，那就自己相信自己好了。这就像过河一样，水深就穿着衣服蹚过去，水浅就撩起衣服蹚过去。"孔子说："说得真干脆！如果真像说的那样，就没有什么困难了。"

14.40　子张曰："《书》云：'高宗①谅阴②，三年不言③。'何谓也？"子曰："何必高宗，古之人皆然。君薨，百官总己以听于冢宰④三年。"

【注释】

① 高宗：殷高宗，子姓，名昭。商朝的第23位国君，在位59年。去世后，谥号武丁，殷末追谥庙号"高宗"。古代文献中对他评价很高，认为是个"殷之大仁"。
② 谅阴：亦作"谅暗"，居丧时住的房子，借指居丧。
③ 三年不言：三年不问政事。

④ 冢宰：职官名，周制，为百官之长，六卿之首，后世也称吏部尚书为"冢宰"。

【译义】

子张说："《尚书》上说：'殷高宗守丧，三年不问政事。'是什么意思呢？"孔子说："不仅殷高宗，古人都是这样。国君去世了，继位的国君都要三年不问政事，百官都要听命于冢宰三年。"

14.41 子曰："上好礼，则民易使也。"

【译义】

孔子说："在上位的人喜好礼，那么民众就容易役使了。"

14.42 子路问君子。子曰："修①己以敬。"曰："如斯而已乎？"曰："修己以安②人③。"曰："如斯而已乎？"曰："修己以安百姓。修己以安百姓，尧、舜其犹病④诸！"

【注释】

① 修：修养。

② 安：安乐。

③ 人：身边的人。何晏《论语集解》："人，谓朋友九族。"

④ 病：担心，忧虑。

【译义】

子路向孔子请教什么是君子。孔子说："修养自己，保持严肃恭敬的态度。"子路问："像这样就可以了吗？"孔子说："修养自己，使身边的人安乐。"子路又问："像这样就可以了吗？"孔子回答："修养自己，使百姓安乐。修养自己，使百姓安乐，尧、舜尚且担心做不到呢！"

14.43 原壤①夷②俟③。子曰："幼而不孙弟④，长而无述⑤焉，老而不死，是为贼⑥！"以杖叩⑦其胫⑧。

【注释】

① 原壤：鲁国人，孔子的老朋友。据《孔子家语·屈节解》记载，原壤的母亲去世了，孔子资助了一口木椁。椁造好后，原壤登上木椁唱了一首情歌，孔子装作没有听到。子路很疑惑，孔子解释自己这样做是因

为"亲者不失其为亲也,故者不失其为故也"。

② 夷:两腿平伸地坐,或是叉开双腿地坐。

③ 俟:等待。

④ 孙弟:孙同"逊",弟同"悌"。孙弟指孝悌。

⑤ 述:(值得)说,引申为无所作为。

⑥ 贼:泛指作乱叛国危害人民的人,引申为祸害。

⑦ 叩:敲打。

⑧ 胫:小腿,从膝盖到脚跟的一段。

【译义】

原壤叉开双腿坐着等候孔子。孔子说:"你小时候不讲孝悌,长大了无所作为,年纪大了还没有死,真是个祸害!"说着用拐杖敲打原壤的小腿。

14.44 阙党①童子②将命③。或问之曰:"益者与④?"子曰:"吾见其居于位也,见其与先生⑤并行也。非求益者也,欲速⑥成者也。"

【注释】

① 阙党:巷名,可能是指今曲阜的阙里。顾炎武《日知录》:"孔庙东南五百步有双石阙,故名阙里。"

② 童子:儿童。

③ 将命：在宾主之间传话。
④ 益者与：是一个上进的人吗。
⑤ 先生：长辈。
⑥ 欲速：急于求成。

【译义】
　　有个阙党的儿童来向孔子传话。有人向孔子请教说："这个儿童是个求上进的人吗？"孔子说："我看见他坐在大人的位子上，又看见他与长辈并排走路。他不是一个求上进的人，而是一个急于求成的人。"

卫灵公第十五

论语译注

15.1 卫灵公问陈①于孔子。孔子对曰:"俎豆②之事,则尝闻之矣;军旅③之事,未之学也。"明日遂行。

【注释】

① 陈:同"阵",军队作战时所布置的队伍行列。何晏《论语集解》引孔安国注:"军阵行列之法。"
② 俎(zǔ)豆:俎,古代祭祀时放祭品的器物;豆,古代盛羹酱的一种器物。俎豆泛指各种礼器,此处引申为祭祀。
③ 军旅:军队,军事。

【译义】

卫灵公向孔子请教军队列阵之法。孔子回答说:"祭祀的事情,我曾听说过;军事的事情,我没有学过。"第二天孔子便离开了卫国。

15.2 在陈绝粮①,从者病,莫能兴②。子路愠③见曰:"君子亦有穷④乎?"子曰:"君子固穷⑤,小人穷斯滥⑥矣。"

【注释】

① 在陈绝粮:也称陈蔡之厄,参见11.2注①。
② 兴:起来,起身。何晏《论语集解》引孔安国注:

"兴,起也。"

③ 愠:生气。

④ 穷:穷困,不得志。

⑤ 固穷:安守穷困。古注有两种解释。一是固然穷困,如何晏《论语集解》:"君子固亦有穷时,但不如小人穷则滥溢为非。"朱熹也持此义;二是固守穷困,如程颐:"固穷者,固守其穷。"

⑥ 滥:行为失当。

【译义】

　　孔子一行在陈国断了粮食,随从的人都饿病了,饿得都站不起来了。子路生气地来见孔子说:"君子也有穷困的时候吗?"孔子说:"君子能安于穷困,小人一遇穷困就会行为失当。"

15.3　子曰:"赐也,女①以予为多学而识②之者与?"对曰:"然,非与?"曰:"非也,予一以贯之③。"

【注释】

① 女:同"汝",你。

② 多学而识:学得多了才掌握了(这么多道理)。皇侃《论语义疏》:"时人见孔子多识,并谓孔子多学世事

而识之，故孔子问子贡而释之也。"

③ 一以贯之：用一个基本道理贯穿始终。

【译义】

孔子说："赐呀，你以为我是学得多了才掌握了这么多道理吗？"子贡回答说："是的，难道不是这样吗？"孔子说："不是的，我是用一个基本道理贯穿始终的。"

15.4 子曰："由，知①德者鲜矣。"

【注释】

① 知：懂得。

【译义】

孔子说："仲由，懂得德的人太少了。"

15.5 子曰："无为而治①者，其舜也与？夫②何为哉？恭己③正南面④而已矣。"

【注释】

① 治：天下太平，太平盛世。

② **夫**(fú)：文言指示代词，相当于"这"或"那"，此处相当于"他"。
③ **恭己**：自己庄重地（坐在王位上）。
④ **正南面**：正对南面，引申为坐在王位上。

【译文】

孔子说："自己什么都不用做而使天下太平的，大概只有舜吧？他做了些什么呢？他只不过是庄重地坐在王位上罢了。"

15.6 子张问行①。子曰："言忠信，行笃敬②，虽蛮貊③之邦④，行矣。言不忠信，行不笃敬，虽州里⑤行乎哉？立则见其参⑥于前也，在舆则见其倚于衡⑦也。夫然后行。"子张书诸绅⑧。

【注释】

① **行**：（主张）行得通。
② **笃敬**：笃，忠厚。笃敬指的是忠厚恭敬。
③ **蛮貊**(mò)：蛮，中国古代称南方各族；貊，中国古代称东北方的民族。蛮貊泛指异族。
④ **邦**：泛指国家、地区。
⑤ **州里**：州和里为古代的行政单位，此处引申为自己的

家乡。何晏《论语集解》引郑玄注："万二千五百家为州。五家为邻，五邻为里。"

⑥ **参**：直立于前。

⑦ **衡**：车辕前面的横木。

⑧ **绅**：古代官员束在腰间的大带子。

【译义】

　　子张向孔子请教如何使自己的主张行得通。孔子说："说话忠信，行为忠厚恭敬，就算在异族地区也行得通。说话不忠信，行为不忠厚恭敬，就算在自己的家乡能行得通吗？站立的时候，仿佛看到这句话直立于面前；在车上时，仿佛看到这句话刻在车辕前面的横木上。这样的话，就能使自己的主张行得通了。"子张把这些话写在腰间的大带子上。

15.7　子曰："直哉史鱼①！邦有道如矢②，邦无道如矢。君子哉蘧伯玉！邦有道则仕，邦无道则可卷而怀之③。"

【注释】

① **史鱼**：即史鳅，字子鱼，又称史鱼。卫国大夫。史鱼是卫灵公时的重臣，灵公经常向他请教政务。当史鱼与卫灵公意见不合，愤而离开卫国时，卫灵公特意在郊

外等候了三天，就为了把史鱼请回去。据《孔子家语·困誓》记载，史鱼为了"进蘧伯玉、退弥子瑕"，在去世前尸谏卫灵公，蘧伯玉因此得到重用。孔子听到后赞叹史鱼的直，说："古之列谏之者，死则已矣，未有若史鱼死而尸谏，忠感其君者也。可不谓直乎？"

② 矢：箭，引申为（史鱼的言行）像箭一样直。

③ 卷而怀之：卷起来，放入怀中，引申为隐居不仕。何晏《论语集解》引包咸注："卷而怀，谓不与时政，柔顺不忤于人。"

【译义】

孔子说："史鱼真正直呀！太平盛世时，他的言行像箭一样直，乱世时，他的言行也像箭一样直。蘧伯玉真是一位君子呀！太平盛世时就出来做官，乱世时就隐居不仕。"

15.8 子曰："可与言而不与之言，失人；不可与言而与之言，失言①。知②者不失人，亦不失言。"

【注释】

① 失言：说错了话。

② 知：同"智"。

【译文】

　　孔子说:"可以与他说话而没有说话,这是错失了人才;不可以与他说话却与他说了话,这是说错了话。智者既不错失人才,也不说错话。"

15.9　子曰:"志士仁人,无求生以害①仁,有杀身②以成仁。"

【注释】

① 害:损害。
② 杀身:牺牲自己。

【译义】

　　孔子说:"志士仁人,不会为了求生而损害仁,只会牺牲自己来成就仁。"

15.10　子贡问为仁。子曰:"工欲善其事,必先利其器。居是邦也,事其大夫之贤者,友①其士之仁者。"

【注释】

① 友:交友,结交。

【译义】

子贡向孔子请教如何践行仁。孔子说:"工匠要想把工作做好,一定要先使工具精良。居住在一个国家,要事奉有贤德的大夫,要结交有仁德的士。"

15.11 颜渊问为①邦。子曰:"行夏之时②,乘殷之辂③,服④周之冕⑤,乐则《韶》《舞》⑥。放⑦郑声⑧,远佞人⑨。郑声淫,佞人殆⑩。"

【注释】

① 为:治理。

② 时:时令。

③ 辂(lù):车前横木,此处指车。

④ 服:穿戴。

⑤ 冕:古时大夫以上的王侯所戴的礼帽,引申为衣服。

⑥ 《韶》《舞》:《韶》乐是舜时的乐曲,也称舜乐。《舞》乐是周武王时的乐曲,也称《武》。孔子认为《韶》乐尽美尽善,他在齐闻《韶》乐可以三月不知肉味;《舞》乐尽美,但不尽善,因为有杀伐之声。

⑦ 放:疏远。

⑧ 声:乐曲。

⑨ 佞人:巧言善辩的人。

⑩ 殆：危险。

【译义】

　　颜渊向孔子请教如何治理国家。孔子说："用夏代的历法，乘殷代的车子，戴周代的礼帽，奏《韶》乐、《舞》乐。禁绝郑国的乐曲，疏远巧言善辩的人。郑国的乐曲淫荡，巧言善辩的人危险。"

15.12　子曰："人无远虑①，必有近②忧。"

【注释】

① 虑：考虑。
② 近：眼前。

【译义】

　　孔子说："人没有长远的考虑，一定会有眼前的麻烦。"

15.13　子曰："已矣乎①！吾未见好德如好色者也。"

【注释】

① 已矣乎：表示绝望的语词，有"罢了吧""算了吧"的意思。朱熹《论语集注》："已矣乎，叹其终不得而见之也。"

【译文】

孔子说："算了吧！我没有见过喜好德行像喜好美色一样的人。"

15.14 子曰："臧文仲其窃位①者与？知柳下惠②之贤而不与立③也。"

【注释】

① 窃位：尸位素餐。
② 柳下惠：姬姓，展氏，名获，表字禽、一字季。鲁国人。柳下是他的食邑，惠是谥号。他曾做过鲁国的大夫，后来隐遁，称为逸民。他有个弟弟叫盗跖，是个著名的大盗。柳下惠以直道事人，据《国语》记载，他直言批评过臧文仲在鲁国的执政措施，还批评臧文仲祭祀海鸟。《孔子家语·好生》还记载，鲁国有个寡妇，因暴风雨，自己的房屋坏了，想到隔壁避雨。隔壁也是一男子独居，但拒绝寡妇进来避雨。寡妇失望地说："子何不如柳下惠然？"这是关于柳下惠坐怀不

乱的一次间接描述。

③ 立：立于朝廷，引申为一起在朝为官。

【译义】

孔子说："臧文仲是个尸位素餐的人吧？他明知道柳下惠是个贤人，却不举荐他，与他一起在朝为官。"

15.15 子曰："躬自厚①而薄责于人，则远怨矣。"

【注释】

① 躬自厚：躬，副词，亲身、亲自。躬自厚是躬自厚责的省略，意思是多责备自己。

【译义】

孔子说："多责备自己，少责备别人，这样便可以远离别人的怨恨了。"

15.16 子曰："不曰'如之何①，如之何'者，吾末如之何也已矣②。"

【注释】

① 如之何：怎么办。朱熹《论语集注》："如之何，如之何者，熟思而审处之辞也。不如是而妄行，虽圣人亦无如之何矣。"

② 吾末如之何也已矣：末，同"蔑"，无、没有。"吾末如之何也已矣"意思是我也不知道该拿他怎么办了。

【译义】

孔子说："遇事不说'怎么办，怎么办'的人，我也不知道该拿他怎么办了。"

15.17 子曰："群居①终日②，言不及义，好行③小慧，难矣哉④！"

【注释】

① 群居：聚在一起。
② 终日：整天。
③ 行：卖弄。
④ 难矣哉：很难有所成就。古注有三种解释。一是很难有所成就，如何晏《论语集解》："难矣哉，言终无成功也"；二是很难成为一个完人，如皇侃《论语义疏》："以此处世，亦难为成人也"；三是难以避免祸害，如朱熹《论语集注》："难矣哉者，言其无以入德

而将有患害也"。

【译义】

孔子说:"整天聚在一起,没说一句有道理的话,只喜欢卖弄小聪明,这样的人很难有所成就!"

15.18 子曰:"君子义以为质,礼以行①之,孙②以出③之,信以成④之。君子哉!"

【注释】

① 行:践行。
② 孙:同"逊",谦逊。
③ 出:表达。
④ 成:完成。

【译义】

孔子说:"君子以义作为根本,用礼来践行它,用谦逊的语言表达它,用诚信来完成它。这就是君子呀!"

15.19 子曰:"君子病①无能焉,不病人之不己知也。"

【注释】

① 病：担心。

【译文】

孔子说："君子只担心自己没有能力，不担心别人不了解自己。"

15.20 子曰："君子疾①没世②而名不称③焉。"

【注释】

① 疾：担心。
② 没：同"殁"，死亡。
③ 不称：不相称，引申为配不上。

【译文】

孔子说："君子担心自己死后配不上君子之名。"

15.21 子曰："君子求①诸己，小人求诸人。"

【注释】

① 求：要求，苛求。何晏《论语集解》："君子责己，小人责人。"

【译义】

　　孔子说:"君子严格要求自己,小人苛求别人。"

15.22　子曰:"君子矜①而不争,群②而不党③。"

【注释】

① 矜:庄重自持,端庄。朱熹《论语集注》:"庄以持己曰矜,然无乖戾之心,故不可争。"
② 群:合群。朱熹《论语集注》:"合以处众曰群,然无阿比之意,故不党。"
③ 党:结党。

【译义】

　　孔子说:"君子庄重而不与人争执,合群但不结党。"

15.23　子曰:"君子不以①言举②人,不以人废③言。"

【注释】

① 以:因为。
② 举:提拔,选用。
③ 废:不采纳。

【译义】

　　孔子说："君子不因为别人的话说得好而提拔他，也不因为别人有缺点就不采纳他的好话。"

15.24　子贡问曰："有一言而可以终身行之者乎？"子曰："其恕乎！己所不欲，勿施于人。"

【译义】

　　子贡向孔子请教说："有没有一句话可以终身奉行呢？"孔子说："那就是恕吧！自己不喜欢的事情，也不要强加给别人。"

15.25　子曰："吾之于人也，谁毁①谁誉？如有所誉者，其有所试②矣。斯民也，三代之所以直道③而行④也。"

【注释】

① 毁：诋毁。

② 试：考验。

③ 直道：公正无私的处世原则。何晏《论语义疏》引郭象

注:"无心而付之天下者,直道也。"朱熹《论语集注》:"直道,无私曲也。"

④ 行:推行。

【译义】

孔子说:"我对于别人,诋毁过谁?赞美过谁?如果有赞美的,那他一定是经过考验的。夏商周三代的民众就是这样的,所以那时直道能够得到推行。"

15.26 子曰:"吾犹及史之阙文①也,有马者借人乘之,今亡矣夫!"

【注释】

① **史之阙文**:史官对史书中个别地方存疑。何晏《论语集解》引包咸注:"古之良史于书字有疑,则阙文以待知者也。有马不能调良,则借人乘习之。"皇侃《论语义疏》也是类似的解释,并说:"孔子叹世浇流迅速,时异一时也。"

【译义】

孔子说:"我还能见到史官对史书中个别地方存疑的情况,就像有马的人,自己不能把马训练好,就把马借给别人驾驭,现在没有这样的人了。"

15.27 子曰:"巧言乱①德。小不忍,则乱大谋②。"

【注释】

① 乱:败坏。
② 谋:计策,策略,引申为事情。

【译义】

孔子说:"花言巧语会败坏德行。小事上不忍耐,就会坏了大事。"

15.28 子曰:"众恶之,必察①焉;众好之,必察焉。"

【注释】

① 察:考察。

【译义】

孔子说:"众人都讨厌他,一定要考察一下;众人都喜欢他,也一定要考察一下。"

15.29 子曰:"人能弘①道,非道弘人。"

【注释】

① 弘:弘扬。朱熹《论语集注》:"弘,廓而大之也。人外无道,道外无人,然人心有觉,而道体无为,故人能大其道,道不能大其人也。"

【译义】

　　孔子说:"人能弘扬道,不是道来弘扬人。"

15.30 子曰:"过而不改,是谓过矣。"

【译义】

　　孔子说:"有了过错而不改正,这才叫过错。"

15.31 子曰:"吾尝终日不食,终夜不寝,以思,无益,不如学也。"

【译义】

　　孔子说:"我曾经整天不吃饭,整夜不睡觉,时间都用来思考,这并没有好处,还不如去学习。"

15.32 子曰:"君子谋道不谋食①。耕者,馁②在其中矣;学也,禄在其中矣。君子忧道不忧贫。"

【注释】

① 食:衣食。
② 馁:饥饿。何晏《论语集解》引郑玄注:"馁,饿也。言仁虽念耕而不学,故饥饿。学则得禄,虽不耕而不馁。此劝人学也。"

【译文】

孔子说:"君子谋求的是道而不是衣食。耕田,经常让人挨饿;学习,却能让人获得俸禄,不致挨饿。所以,君子担心能不能求得道,而不担心个人的贫穷。"

15.33 子曰:"知①及之,仁不能守之②,虽得之,必失之。知及之,仁能守之,不庄③以莅④之,则民不敬。知及之,仁能守之,庄以莅之,动⑤之不以礼,未善也。"

【注释】

① 知:同"智",智慧。

② 守之：保持职位。古注中一般两种解释。一是保持官位，如何晏《论语集解》引包咸注："知能及治其官，而仁不能守，虽得之，必失之。不严以临之，则民不敬从其上。"皇侃《论语义疏》："谓人有知识，得及为官位者，故云智及之也。"二是不能保持理在身体中，如朱熹《论语集注》："知足以知此理，而私欲间之，则无以有之于身矣。"

③ 庄：庄重。

④ 莅：临，治理。

⑤ 动：举动，行为。

【译义】

孔子说："凭智慧得到的职位，如果不用仁德去保持它，就算得到了，也一定会失去。凭智慧得到的职位，能够用仁德去保持它，但如果不以庄重态度治理民众，民众就不会敬服。凭智慧得到的职位，既能用仁德去保持它，又能以庄重态度治理民众，但是如果行为不合于礼，也还不能算是完善的。"

15.34 子曰："君子不可小知①而可大受②也，小人不可大受而可小知也。"

【注释】

① 小知：小事情。古注有两义。一是小善，皇侃《论语义

疏》引张凭云："谓之君子，必有大成之量，不必能为小善也，故宜推诚闻信，虚以将受之，不可求备，责以细行也。"二是小事情，朱熹《论语集注》："此言观人之法……盖君子于细事未可客观，而材德足以任重；小人虽器量浅狭，而未必无一长可取。"

② 受：承担。

【译义】

孔子说："对于君子，不可以在小事情上都苛求他做得完美，但他的才德足堪大任；对于小人，他的才德虽不堪大任，但在小事情上也未必一无是处。"

15.35 子曰："民之于仁也，甚于水火。水火，吾见蹈而死者矣，未见蹈仁而死者也。"

【译义】

孔子说："民众对于仁的需要，比对水火的需要更迫切。我见过踏入水火而死的人，但没有见过践行仁而死的人。"

15.36 子曰："当仁①，不让于师。"

【注释】

① 当仁：遇到应该做的事情。何晏《论语集解》引孔安国注："当行仁之事，不复让于师，行仁急也。"朱熹《论语集注》："当仁，以仁为己任也。虽师亦无所逊，言当勇往而必为也。盖仁者人所自有而自为之，非有争也，何逊之有？"

【译义】

孔子说："遇到应该做的事情，就算是对老师，也不必谦让。"

15.37 子曰："君子贞①而不谅②。"

【注释】

① 贞：正道。何晏《论语集解》引孔安国注："贞，正也。"
② 谅：小信。何晏《论语集解》引孔安国注："谅，信也。君子之人正其道耳，言不必小信也。"

【译义】

孔子说："君子坚守正道而不拘泥于小信。"

15.38 子曰:"事君,敬其事①而后其食②。"

【注释】

① 敬其事:恪尽职守。
② 食:俸禄。

【译义】

孔子说:"事奉君主,首先要恪尽职守,然后再关心俸禄。"

15.39 子曰:"有教无类。"

【译义】

孔子说:"不分贫富贵贱,我都教育。"

15.40 子曰:"道不同,不相①为谋②。"

【注释】

① 相:相互。
② 谋:讨论。

【译义】

孔子说:"信奉的原则不同,相互间无法讨论。"

15.41 子曰:"辞①达②而已矣。"

【注释】

① 辞:言辞。
② 达:将意思表达清楚。

【译义】

孔子说:"言辞能把意思表达清楚就可以了。"

15.42 师冕①见,及阶,子曰:"阶也。"及席②,子曰:"席也。"皆坐,子告之曰:"某在斯,某在斯。"师冕出,子张问曰:"与师言之道③与?"子曰:"然,固④相⑤师之道也。"

【注释】

① 师冕:一位叫冕的盲人乐师,孔安国认为他是晋国大夫。

② 席：座位。

③ 道：方式，态度。

④ 固：本来。

⑤ 相：辅助、引导，引申为接待。

【译义】

　　师冕来见孔子，到了台阶前，孔子对他说："这是台阶。"到了座席边，孔子又对他说："这是坐席。"等大家都坐下了，孔子向他介绍说："某人在这里，某人在这里。"师冕离开后，子张就向孔子请教说："这是同乐师讲话的方式吗？"孔子说："是的，这本来就是接待乐师的方式。"

季氏第十六

论语译注

16.1 季氏①将伐②颛臾。冉有、季路③见于④孔子曰："季氏将有事⑤于颛臾⑥。"孔子曰："求！无乃⑦尔是⑧过与？夫颛臾，昔者先王⑨以为东蒙主⑩，且在邦域⑪之中矣，是社稷之臣⑫也。何以伐为？"冉有曰："夫子⑬欲之，吾二臣者皆不欲也。"孔子曰："求！周任⑭有言曰：'陈力就列，不能者止⑮。'危⑯而不持⑰，颠⑱而不扶⑲，则⑳将㉑焉用彼相㉒矣？且尔言过矣。虎兕㉓出于柙㉔，龟㉕玉毁于椟㉖中，是谁之过与？"冉有曰："今夫颛臾，固㉗而近于费。今不取，后世必为子孙忧。"孔子曰："求！君子疾㉘夫舍曰欲之而必为之辞㉙。丘也闻有国有家者㉚，不患寡而患不均，不患贫而患不安。盖均无贫，和㉛无寡㉜，安㉝无倾㉞。夫如是，故远人不服，则修㉟文德以来之。既来之，则安之。今由与求也，相夫子，远人不服，而不能来也；邦分崩离析，而不能守也；而谋动干戈于邦内。吾恐季孙之忧，不在颛臾，而在萧墙㊱之内也。"

【注释】

① 季氏：季康子。

② 伐：讨伐。

③ 季路：子路。

④ 于：介词，到。

⑤ 事：诸侯的国家大事，如祭祀、盟会、兵戎等，此处指动武。

⑥ 颛臾（zhuān yú）：位于今山东省的风姓古国。相传以风为姓的太皞后裔。西周初期，周武王封之，周天子给颛臾国的主要任务就是祭祀蒙山。春秋时期，颛臾为鲁国封疆内的附庸国。

⑦ 无乃："莫非""恐怕是"，表示委婉测度的语气。

⑧ 是：同"寔"或"实"，实在、确实。

⑨ 先王：周天子。

⑩ 东蒙主：主管祭祀蒙山的人。

⑪ 邦域：鲁国境内。

⑫ 社稷之臣：颛臾是附属于鲁国的藩属国。

⑬ 夫子：季康子。

⑭ 周任：周大夫。

⑮ 陈力就列，不能则止：陈，施展；就，担任；列，职位；止，不去。"陈力就列，不能则止"的意思是能施展自己才能，就接受职位；如若不能，就应辞职。

⑯ 危：危险。

⑰ 持：扶持。

⑱ 颠：跌倒。

⑲ 扶：搀扶。

⑳ **则**：表因果关系，那么。

㉑ **将**：连词，又、还。

㉒ **相**：助手，辅助的人。

㉓ **兕（sì）**：犀牛。

㉔ **柙（xiá）**：兽笼。

㉕ **龟**：占卜用的龟壳。

㉖ **椟**：匣子。

㉗ **固**：坚固。

㉘ **疾**：厌恶。

㉙ **辞**：借口。

㉚ **有国有家者**：诸侯或者大夫。何晏《论语集解》引孔安国注："国，诸侯。家，卿大夫。"

㉛ **和**：和睦。

㉜ **寡**：人少。朱熹《论语集注》："寡，谓民少。"

㉝ **安**：安居乐业。

㉞ **倾**：倾覆。

㉟ **修**：动词，涵养、修养。

㊱ **萧墙**：国君宫门内迎门的小墙，又叫作屏。因古时臣子朝见国君，走到此必肃然起敬，故称"萧墙"，此处暗指鲁君。周柄中《四书典故辨正》："天子外屏，诸侯内屏，大夫以帘，士以帷，萧墙非季氏所当有。盖萧墙暗指鲁君。"

【译义】

季氏将要讨伐颛臾。冉有、子路去见孔子，说："季氏将要对颛臾动武。"孔子说:"冉求!这恐怕是你的过错吧!颛臾,以前周天子让他主管东蒙山的祭祀,而且已经在鲁国境内了,是鲁国的藩属国。为何还要讨伐它呢?"冉有说:"季孙想这么做,我们两个都不愿意。"孔子说:"冉求!周任曾说:'能施展自己的才能,就接受职位;如若不能,就应辞职。'危险的时候不扶持,跌倒的时候不搀扶,那还用助手做什么呢?而且你的话错了。老虎和犀牛从兽笼跑出来,龟壳和美玉在匣子中毁坏了,是谁的过错呢?"冉有说:"现在的颛臾,城墙坚固,而且离季孙的费邑很近。现在不占领的话,以后一定是子孙的忧患。"孔子说:"冉求!君子厌恶那种不说自己有野心,却一定要找个借口掩饰的人。我也听说诸侯或者大夫们,担心的不是贫穷而是分配不均;不是人少,而是社会不安定。分配平均了便不会觉得贫穷,上下和睦了便不觉得人少;人人安居乐业了国家便不会倾覆。如果这样做了,远方的人还不来归附,那么就修礼乐教化招徕他们。已经来归附了,就让他们安下心来。现在仲由和冉求辅助季康子,远方的人不归服而不能招徕他们;国家分崩离析而不能固守;却想在国内动用武力。我恐怕季孙氏忧虑的不在颛臾,而在自己内部吧。"

16.2 孔子曰:"天下有道,则礼乐征伐自天子出;天下无道,则礼乐征伐自诸侯出。自诸侯出,盖十世希不失①矣;自大夫出,五世希不失矣；陪臣②执国命，三世希不失矣。天下有道，则政不在大夫；天下有道，则庶人③不议④。"

【注释】

① 失：政权垮台。
② 陪臣：家臣。
③ 庶人：百姓。
④ 议：不议论朝政。方观旭《论语偶记》："议者，图议国政。"

【译义】

孔子说："太平盛世时，制礼作乐、出兵征伐由天子决定；乱世时，制礼作乐、出兵征伐由诸侯决定。由诸侯决定，大概很少经过十代而不垮台的；由大夫决定，大概很少经过五代而不垮台的；家臣掌握国家大权的话，很少经过三代而不垮台的。太平盛世时，国政就不会落在大夫手中；太平盛世时，百姓也就不议论朝政。"

16.3 孔子曰："禄①之去②公室③五世矣，政逮④于大夫四世矣，故夫三桓⑤之子孙微⑥矣。"

【注释】

① 禄：俸禄，引申为政权。

② 去：失掉。

③ 公室：诸侯国君。

④ 逮：到，落在。

⑤ 三桓：指的是春秋时鲁国大夫孟孙、季孙、叔孙三家，因为他们都是鲁桓公之后，所以被称为三桓。鲁文公去世后，三桓势力逐渐强大，最后实际上掌握了鲁国的政权。鲁定公叫，随着三桓中家臣的崛起，曾出现"陪臣执国命"的局面，三桓势力一度衰落，所以孔子在此断言，三桓子孙将从此衰败下去。

⑥ 微：衰落。

【译文】

孔子说："国君失掉政权已经有五代了，政权落在大夫手中已经四代了，所以三桓的子孙也衰微了。"

16.4 孔子曰："益者三友，损①者三友。友直，友谅②，友多闻③，益矣。友便辟④，友善柔⑤，友便佞⑥，损矣。"

【注释】

① 损：有害。

② 谅：诚信。

③ 闻：见闻。

④ 便（pián）辟：便，利于、工于。便辟指的是谄媚逢迎的人。何晏《论语集解》引郑玄注："便，辩也，谓佞而辩也。"

⑤ 善柔：口是心非的人。皇侃《论语义疏》："善柔，谓面从而背毁者也。"

⑥ 便（pián）佞：佞，善辩、巧言谄媚。便佞指的是巧言善辩的人。

【译义】

孔子说："有益的朋友有三种，有害的朋友也有三种。同正直的人交朋友，同诚信的人交朋友，同见闻广博的人交朋友，这是有益的。同谄媚逢迎的人交朋友，同口是心非的人交朋友，同巧言善辩的人交朋友，这是有害的。"

16.5　孔子曰："益者三乐①，损者三乐。乐节礼乐，乐道②人之善③，乐多贤友，益矣。乐骄乐④，乐佚游⑤，乐宴乐⑥，损矣。"

【注释】

① 乐（lè）：喜好。此句中除"礼乐"的"乐"读yuè，其他均读lè。

② 道：说。

③ 善：优点。

④ 骄乐：骄纵享乐。何晏《论语集解》引孔安国注："骄乐，恃尊贵以自恣。"

⑤ 佚游：佚，同"逸"，放荡。佚游指的是放纵游荡。何晏《论语集解》引王肃注："佚游，出入不知节也。"

⑥ 宴乐：宴饮取乐。朱熹《论语集注》："晏乐则淫溺而狎小人。"

【译义】

孔子说："有益的喜好有三种，有害的喜好也有三种。喜好用礼乐节制自己，喜好说别人的优点，喜好多交贤德的朋友，这是有益的。喜好骄纵享乐，喜好放纵游荡，喜好宴饮取乐，这是有害的。"

16.6 孔子曰："侍于君子有三愆①：言未及之而言②谓之躁，言及之而不言谓之隐，未见颜色③而言谓之瞽④。"

【注释】

① 愆：过失。

② 言未及之而言：还没有轮到自己说话时先说话。刘宝楠《论语正义》引卢文弨《论语音义考证》："未及言

而先自言之,是以已所知者傲人之不知也。"

③ 颜色:脸色。

④ 瞽(gǔ):本指盲人,此处引申为不会察言观色。朱熹《论语集注》:"瞽,无目,不能察言观色。"

【译义】

孔子说:"侍奉君子时容易犯三种过失:还没有轮到你说话时,你先说话,这称之为急躁;轮到你说话时,你却不说,这称之为隐瞒;不看别人脸色就贸然说话,这称之为不会察言观色。"

16.7 孔子曰:"君子有三戒①:少之时,血气未定②,戒之在色;及其壮也,血气方③刚④,戒之在斗⑤;及其老也,血气既衰,戒之在得⑥。"

【注释】

① 戒:同"诫",警惕,警告。

② 未定:不成熟。

③ 方:副词,正,适。

④ 刚:正旺。

⑤ 斗:争斗。

⑥ 得:贪得无厌。朱熹《论语集注》:"得,贪得也。"

【译义】

孔子说:"君子有三件事情要警惕:年少时,血气还不成熟,要警惕贪恋女色;等到壮年时,血气正旺,要警惕好勇斗狠;等到老年时,血气减退,要警惕贪得无厌。"

16.8 孔子曰:"君子有三畏①:畏天命②,畏大人③,畏圣人之言。小人不知天命而不畏也,狎④大人,侮⑤圣人之言。"

【注释】

① 畏:敬畏。
② 天命:皇侃《论语义疏》:"天命,谓作善降百祥,作不善降百殃,从吉逆凶,是天之命也,故君子畏之,不敢逆之也。"
③ 大人:居高位的人。大人在古注中有三种解释。一是居高位的人,如《士相见礼疏》引郑玄注:"大人,为天子诸侯为政教者。"二是有道德的人,如何晏《论语集解》:"大人即圣人,与天地合其德者也。深远不可易知测,圣人之言也。恢疏,故不知畏也。"三是指既居高位,又上了年纪、有道德的人,如朱熹《朱子语类》:"大人不止有位者,是指有位有齿有德者。"
④ 狎(xiá):轻视怠慢。
⑤ 侮:蔑视。

【译文】

　　孔子说:"君子有三件事情需要敬畏:敬畏天命,敬畏居高位的人,敬畏圣人的话。小人因为不懂得天命而不敬畏,小人也轻视怠慢居高位的人,小人也蔑视圣人的话。"

16.9　孔子曰:"生而知之者,上①也;学而知之者,次也;困②而学之,又其次也;困而不学,民③斯为下④矣。"

【注释】

① 上:上等。
② 困:困惑。何晏《论语集解》:"困,有所不通。"
③ 民:人。
④ 下:下等。

【译文】

　　孔子说:"生来就知道的人,是上等的;通过学习才知道的人,是次一等的;遇到困惑才去学习的人,是再次一等的;遇到困惑也不去学习,这样的人是最下等的。"

16.10　孔子曰:"君子有九思①:视思明②,听思聪,色③思温④,貌思恭,言思忠,事思敬，疑⑤思问⑥，忿⑦思难⑧，见得⑨思义。"

【注释】

① 思：考虑。
② 明：明白。
③ 色：脸色。
④ 温：温和。
⑤ 疑：有疑问。
⑥ 问：请教。朱熹《论语集注》："思问则疑不蓄。"
⑦ 忿：发怒。
⑧ 难：灾祸，困苦，引申为后患。朱熹《论语集注》："思难则忿必惩。"
⑨ 得：所得，此处引申为财利。朱熹《论语集注》："思义则得不苟。"

【译文】

孔子说："君子有九件事情需要考虑：看的时候，要考虑看明白了没有；听的时候，要考虑听清楚了没有；脸色，要考虑是否温和；态度，要考虑是否恭敬；说话，要考虑是否忠诚；做事，要考虑是否认真；有疑问，要考虑多向人请教；发怒，要考虑是否有后患；获取财利，要考虑是否符合道义。"

16.11 孔子曰:"见善如不及,见不善如探①汤。吾见其人矣,吾闻其语矣。隐居以求②其志,行③义以达④其道。吾闻其语矣,未见其人也。"

【注释】

① 探:手伸入。
② 求:保全。
③ 行:践行。
④ 达:贯彻。

【译义】

孔子说:"遇见善事,唯恐来不及而急忙去做;遇见不善的事,就像把手伸进热水中一样赶紧避开。我见到过这样的人,也听到过这样的话。以隐居来保全自己的志向,践行义来贯彻自己的主张。我听到过这样的话,但我没见过这样的人。"

16.12 齐景公有马千驷①,死之日,民无德而称焉。伯夷、叔齐饿于首阳之下,民到于今称之。其斯之谓与②?

【注释】

① 驷：古代同驾一辆车的四匹马。
② 其斯之谓与：说的就是这个意思吧。

【译义】

齐景公有四千匹马，但当他去世的时候，民众找不出他有什么德行是值得称颂的。伯夷、叔齐饿死在首阳山下，但民众至今还称颂他们。说的就是这个意思吧！

16.13 陈亢①问于伯鱼②曰："子亦有异闻③乎？"对曰："未也。尝独立，鲤趋而过庭。曰：'学《诗》乎？'对曰：'未也。''不学《诗》，无以④言。'鲤退而学《诗》。他日，又独立，鲤趋而过庭。曰：'学《礼》乎？'对曰：'未也。''不学《礼》，无以立。'鲤退而学《礼》。闻斯二者。"陈亢退而喜曰："问一得三：闻《诗》，闻《礼》，又闻君子之远⑤其子也。"

【注释】

① 陈亢：字子禽。参见1.10注③。
② 伯鱼：孔鲤字子鱼。孔子的儿子。参见11.8注⑥。
③ 异闻：特别的教导。

④ 无以：就不会。

⑤ 远：不偏爱。

【译义】

陈亢问伯鱼："您在老师那里听到过什么特别的教导吗？"伯鱼回答说："没有。有一天，他一个人站在庭院中，我快步经过庭院。他问我：'学诗了吗？'我回答说：'没有。'他便说：'没有学诗，就不会说话。'我回去就学《诗》。又一天，他又一个人站在庭院中，我快步经过庭院。他问我：'学《礼》了吗？'我回答说：'没有。'他便说：'没有学《礼》，就不能在社会上立身处世。'我回去就学《礼》。我就听到过这两件事情。"陈亢回去后，很开心地说："我问一个问题，得到了三点收获：知道了要学《诗》，知道了要学《礼》，还知道了君子不偏爱自己的儿子。"

16.14　邦君之妻，君称之曰夫人，夫人自称曰小童；邦人称之曰君夫人，称诸异邦曰寡小君；异邦人称之亦曰君夫人。

【译义】

国君的妻子，国君称她为夫人，夫人自称为小童；国内的人称她为君夫人，在其他国家的人面前便称她为寡小君；其他国家的人也称她为君夫人。

阳货第十七

17.1 阳货①欲见孔子,孔子不见,归②孔子豚③。孔子时④其亡也,而往拜⑤之。遇诸涂⑥。谓孔子曰:"来!予与尔言。"曰:"怀⑦其宝而迷⑧其邦,可谓仁乎?"曰:"不可。""好从事⑨而亟⑩失⑪时,可谓知乎?"曰:"不可。""日月⑫逝矣,岁不我与。"孔子曰:"诺,吾将仕⑬矣。"

【注释】

① **阳货**:即阳虎,姬姓。孟孙氏的族人,季孙氏的家臣。鲁国人。公元前502年,阳货勾结三桓的家臣,欲除去三桓,囚禁了季桓子三年,他事实上掌握了鲁国的政权,孔子称之为"陪臣执国命"。阳货的擅权后来被扑灭,他逃离了鲁国。孔子可能和阳货相貌相近,孔子周游列国时,在匡地被围困,就是因为匡人把他当成阳货了。阳货曾虐待过匡人。阳货就是孔子眼中的乱臣贼子,所以孔子不想见他。

② **归**:同"馈",赠送。

③ **豚**:小猪,此处指蒸熟的小猪。按照当时的礼节,地位高的人赠送地位低的人礼物,如果地位低的人没有当面接受的话,就应该回拜。阳货趁孔子不在时赠送小猪,也是希望孔子能去回拜他。

④ **时**:同"伺",伺机,等待。

⑤ **拜**:回拜。

⑥ 涂：同"途"，半路上。
⑦ 怀：怀有。
⑧ 迷：混乱。
⑨ 从事：处理政务。
⑩ 亟：屡次。
⑪ 失：错失（机会）。
⑫ 日月：时光。
⑬ 仕：做官。

【译义】

　　阳货想让孔子去见他，孔子不去见，他便赠送给孔子一头小猪，希望孔子能去回拜他。孔子等阳货外出时，才去回拜他。他们两人在半路上相遇了。阳货对孔子说："过来！我有话和你说。"孔子走了过去，阳货说："自己有一身本领却听任国家混乱，这可以称为仁吗？"孔子说："不可以。"阳货说："喜欢处理政务而又屡次错过机会，这可以称为智吗？"孔子说："不可以。"阳货说："时光流逝，岁月不等人啊。"孔子说："好吧，我准备去做官了。"

17.2　子曰："性①相近②也，习③相远④也。"

【注释】

① 性：人或物自然具有的本质、本能、本性。皇侃《论语义疏》："性者，人所禀以生也。"

② 近：接近。

③ 习：积久养成的惯性行为。皇侃《论语义疏》："习者，谓生后有百仪常所行习之事也。"

④ 远：差异大。

【译义】

孔子说："人的先天本性是相近的，只是由于后天习染的不同，才导致差异变大了。"

17.3 子曰："唯上知①与下愚不移②。"

【注释】

① 知：同"智"，智者。

② 移：改变。

【译义】

孔子说："只有上等的智者和下等的愚人是不可改变的。"

17.4 子之①武城，闻弦歌②之声。夫子莞尔③而笑，曰："割鸡焉用牛刀？"子游对曰："昔者偃也闻诸夫子曰：'君子学道则④爱人，小人学道则易使也。'"子曰:"二三子⑤,偃之言是也。前言戏⑥之耳。"

【注释】

① 之:到,往。
② 弦歌:弹琴瑟咏诗歌。
③ 莞尔:微笑的样子。
④ 则:表示因果关系,就。
⑤ 二三子:学生们。
⑥ 戏:开玩笑。

【译义】

孔子到了武城,听到了弹琴唱歌的声音。孔子微笑着说道:"杀鸡何必用宰牛的刀呢?治理这个小地方,怎么用得着礼乐教化呢?"子游回答说:"以前我也曾听您说:'君子学了道就会爱民众,小人学了道就容易被役使。'"孔子说:"学生们,言偃的话是对的。我前面的话是开玩笑的。"

17.5 公山弗扰①以费畔②,召,子欲往。子路不说,曰:"末之也已③,何必公山氏之④之⑤也?"子曰:"夫召我者而岂徒哉?如有用我者,吾其为东周⑥乎!"

【注释】

① **公山弗扰**：即公山不狃（niǔ），鲁国季孙氏的家臣。因季平子去世时，他治丧得力，被任命为"费邑宰"。公元前502年，他与阳货联合囚禁了季桓子。叛乱被剪灭后，阳货流亡齐国。公山弗扰占据费邑，想召孔子前来辅佐。孔子动心了，计划前往。因公山弗扰也是乱臣贼子，孔子想去辅佐让子路很不高兴。公元前498年，身为鲁国大司寇并摄行相事的孔子，在鲁国推行"隳三都"，即打击三桓的家臣势力，公山弗扰也在被打击之列。公山弗扰在费邑抵抗，并派兵攻陷了鲁国国都。后在孔子的指挥下，政府军击败了公山弗扰，他后来流亡到了吴国。
② **畔**：通"叛"，叛乱。
③ **末之也已**：末，同"蔑"，无；之，去。"末之也已"指的是没有地方去也就算了。
④ **之**：代词，指代公山不狃的征召。
⑤ **之**：动词，是到、往、去的意思。
⑥ **为东周**：在东方复兴周道。何晏《论语集解》："兴周道于东方，故曰东周。"

【译义】

公山弗扰在费邑叛乱，他征召孔子，孔子想去。子路很不高兴，说："没有地方去也就算了，为什么一定要去公山弗扰那里呢？"孔子说："那个征召我的人，难道是白召我吗？如果有人用我，我将在东方复兴周道。"

17.6 子张问仁于孔子。孔子曰:"能行①五者于天下,为②仁矣。"请问③之。曰:"恭、宽、信、敏、惠。恭则不侮④,宽则得众,信则人任⑤焉,敏⑥则有功⑦,惠则足以使人。"

【注释】
① 行:推行。
② 为:是。
③ 请问:(继续)请教。
④ 侮:侮辱。
⑤ 任:任用。
⑥ 敏:勤勉。
⑦ 功:成功。何晏《论语集解》引孔安国注:"敏则有功,应事疾则多成功也。"

【译义】
　　子张向孔子请教什么是仁。孔子说:"能在天下实行五种德行,就是仁了。"子张继续请教是哪五种。孔子说:"恭敬、宽厚、守信、勤勉、恩惠。恭敬就不会被侮辱,宽厚就会得到众人拥护,守信就会被人任用,勤勉就容易取得成功,施舍恩惠就能更好地役使人。"

17.7 佛肸①召,子欲往。子路曰:"昔者由也闻诸夫子曰：'亲②于其身为不善者，君子不入也。'佛肸以中牟畔，子之往也，如之何③？"子曰："然，有是言也。不曰④坚乎，磨而不磷⑤；不曰白乎，涅⑥而不缁⑦。吾岂匏瓜⑧也哉？焉能系⑨而不食？"

【注释】

① 佛肸（bì xī）：晋卿赵简子的家臣，为中牟宰。公元前490年，赵简子攻打范氏，围攻中牟，佛肸抵抗。在此之际，他征召孔子辅佐。
② 亲：亲自。
③ 如之何：怎么说得过去呢。
④ 不曰：不是说。
⑤ 磷：薄石，引申为磨薄。
⑥ 涅：可做黑色染料的矾石。
⑦ 缁（zī）：黑色。
⑧ 匏（páo）瓜：葫芦的一种。
⑨ 系：悬，挂。

【译义】

　　佛肸征召孔子，孔子想去。子路说："以前我听您说：'亲自做坏事的人那里，君子是不去的。'佛肸在中牟叛乱，您却要去，怎么说得过去呢？"孔子说："是的，我说过这样的话。但是，不是说磨不薄的才是坚吗；染不黑的才是白吗。我难道是葫芦吗?怎么能光挂在上面而不给人食用呢?"

17.8 子曰:"由也!女①闻六言②六蔽矣乎?"对曰:"未也。""居③!吾语女。好仁不好学,其蔽④也愚⑤;好知⑥不好学,其蔽也荡⑦;好信不好学,其蔽也贼⑧;好直不好学,其蔽也绞⑨;好勇不好学,其蔽也乱;好刚⑩不好学,其蔽也狂。"

【注释】

① 女:同"汝",你。
② 六言:指仁、知、信、直、勇、刚六种德行。朱熹《论语集注》:"六言皆美德,然徒好之而不学以明其理,则各有所蔽。"
③ 居:坐下。
④ 蔽:同"弊",弊病。
⑤ 愚:愚昧。
⑥ 知:同"智",智慧。
⑦ 荡:广博但不精深。何晏《论语集解》引江熙云:"不学不能深原乎其道,知其一而未识其二,所以蔽也";朱熹《论语集注》:"荡,谓穷高极广而无所止"。
⑧ 贼:伤害,祸害,此处引申为容易被人利用,反而害了

自己。

⑨ 绞：说话尖刻。

⑩ 刚：刚强。

【译义】

孔子说："仲由！你听说过六种德行和它们各自的弊病吗？"子路回答："没有。"孔子说："坐下！我告诉你。喜好仁德却不喜欢学习，它的弊病是愚昧；喜好智慧却不喜欢学习，它的弊病是知识广博但不精深；喜好诚信却不喜欢学习，它的弊病是容易被人利用反而害了自己；喜好直率却不喜欢学习，它的弊病是说话尖刻；喜好勇敢却不喜欢学习，它的弊病是容易犯上作乱；喜好刚强却不喜欢学习，它的弊病是狂妄自大。"

17.9　子曰："小子①何莫学夫《诗》？《诗》可以兴②，可以观③，可以群④，可以怨⑤。迩⑥之事父，远之事君，多识于鸟兽草木之名。"

【注释】

① 小子：对学生的称呼，学生们。

② 兴：托物言志。何晏《论语集解》引孔安国注："兴，引譬连类"；朱熹《论语集注》："感发志意"。

③ 观：观察社会。何晏《论语集解》引郑玄注："观风俗之盛衰"；朱熹《论语集注》："考见得失"。
④ 群：处理人际关系。何晏《论语集解》引孔安国注："群居相切磋"；朱熹《论语集注》："和而不流"。
⑤ 怨：讥刺时弊。何晏《论语集解》引孔安国注："怨刺上政"；朱熹《论语集注》："怨而不怒"。
⑥ 迩(ěr)：近。

【译义】

孔子说："学生们为何不学《诗》？学《诗》可以托物言志，可以观察社会，可以处理人际关系，可以讥刺时弊。近可以事奉父母，远可以事奉君主，还可以多认识一些鸟兽草木的名字。"

17.10 子谓伯鱼曰："女为①《周南》《召南》②矣乎？人而不为《周南》《召南》，其犹正墙面而立也与？"

【注释】

① 为：学习。朱熹《论语集注》："为，犹学也。"
② 《周南》《召南》：西周建立不久，周武王去世，周公和召公辅政。周公和召公以陕塬为界，分陕而治，周公治理陕塬以东，召公治理陕塬以西。《周南》《召南》分

别是两人治理之地的民歌。其中,《周南》11篇中,9篇是谈夫妇男女之道,《召南》15篇中,11篇是谈夫妇男女之道。据猜测,伯鱼曾经休妻,夫妻之间可能有些问题,孔子是以二南的夫妇之道教育伯鱼。

【译文】

孔子对伯鱼说:"你学习《周南》《召南》了吗?人不学习《周南》《召南》,就好像面对着墙站立着无法前进一样!"

17.11 子曰:"礼云礼云,玉帛云乎哉①?乐云乐云,钟鼓云乎哉②?"

【注释】

① **玉帛云乎哉**:难道只是玉帛之类的礼器吗。《论语集解》引郑玄注:"言礼非但崇此玉帛而已,所贵者,乃贵其安上治民。"
② **钟鼓云乎哉**:难道只是钟鼓之类的乐器吗。《太平御览》引郑玄注:"言乐不但崇此钟鼓而已,所贵者移风易俗也。"

【译文】

孔子说:"礼呀礼呀,难道只是玉帛之类的礼器吗?乐呀乐呀,难道只是钟鼓之类的乐器吗?"

17.12 子曰:"色厉①而内荏②,譬③诸小人,其犹穿窬之盗④也与?"

【注释】

① 厉:严厉。
② 荏:柔弱。朱熹《论语集注》:"荏,柔弱也。"
③ 譬:打比方。
④ 穿窬(yú)之盗:窬,从墙上爬过去。穿窬之盗指的是穿墙越壁的小偷。

【译义】

孔子说:"外表严厉而内心柔弱的人,以小人打比方,大概就像穿墙越壁的小偷吧!"

17.13 子曰:"乡原①,德之贼②也。"

【注释】

① 乡原:不分是非的好好先生。何晏《论语集解》:"乡,向也。谓人不能刚毅,而见其人辄原其趋向,容媚而合之,言此所以贼德也。"

② 贼：破坏。

【译义】

孔子说："不分是非的好好先生，是破坏道德的人。"

17.14 子曰："道听而涂说，德之弃①也。"

【注释】

① 德之弃：抛弃。皇侃《论语义疏》："记问之学，不足以为人师，师人必当温故而知新，研精久习，然后乃可为人传说耳。若听之于道路，道路仍即为人传说，必多谬妄，所以为有德者所弃也，以自弃其德也。"

【译义】

孔子说："在路上听到传言就四处传播，这是有德之人所抛弃不为的。"

17.15 子曰："鄙夫①可与事君也与哉？其未得之也，患得之②；既得之，患失之。苟患失之，无所不至③矣。"

【注释】

① 鄙夫：庸俗浅薄的人。朱熹《论语集注》："鄙夫，庸恶陋劣之称。"
② 患得之：实际应该是"患不得之"，古人"语急文省"经常会出现省略的情况。"患得之"意思是担心得不到。
③ 无所不至：就会无论什么事情都做得出来。

【译文】

孔子说："庸俗浅薄的人可以与他一起事奉君主吗？他没有得到职位的时候，担心得不到；得到了职位后，又担心失去。一个人如果总是担心失去职位，就会无论什么事情都做得出来。"

17.16 子曰："古者民有三疾①，今也或是之亡也②。古之狂③也肆④，今之狂也荡⑤；古之矜也廉⑥，今之矜也忿戾⑦；古之愚也直，今之愚也诈而已矣。"

【注释】

① 疾：缺点。陈天祥《四书辨疑》："疾，犹瑕病也。"
② 今也或是之亡也：现在恐怕连这三种缺点也不是原来那样了。何晏《论语集解》引包咸注："言古者民疾与

今时异。"

③ 狂：张狂、纵情任性或放荡骄恣的态度。

④ 肆：放纵，不加拘束。何晏《论语集解》引包咸注："肆，极意感言。"

⑤ 荡：放荡不羁。何晏《论语集解》引孔安国注："荡，无所据。"

⑥ 廉：本意是器物的棱角，引申为不可触犯、碰不得。

⑦ 忿戾：蛮横无理、动辄发怒。

【译义】

孔子说："古代民众有三种缺点，现在恐怕连这三种缺点也不是原来那样了。古代的狂是直言无悔，现在的狂是放荡不羁；古代的矜不过是碰不得，现在的矜是蛮横无理；古代的愚是过于直率，现在的愚是一味欺诈。"

17.17 子曰："巧言令色，鲜矣仁。"

【译义】

孔子说："虚伪的言辞、谄媚的表情，这样的人，是很少具备仁德的。"

17.18 子曰："恶①紫②之夺③朱④也，恶郑声之乱雅乐也，恶利口⑤之覆⑥邦家者。"

【注释】

① 恶：厌恶。
② 紫：古人认为是间色，即杂色。
③ 夺：取代。
④ 朱：红色，古人认为红色是正色。
⑤ 利口：巧言善辩。朱熹《论语集注》："利口之人以是为非，以非为时，以贤为不肖，以不肖为贤，人君苟悦而信之，则国家之覆也不难矣。"
⑥ 覆：颠覆。

【译文】

孔子说："我厌恶用紫色取代红色，厌恶用郑国的音乐扰乱了雅乐，厌恶用巧言善辩颠覆了国家的人。"

17.19 子曰："予欲无言。"子贡曰："子如不言，则小子何述①焉？"子曰："天何言哉？四时行②焉，百物生③焉，天何言哉？"

【注释】

① 述：传述。

② 行：运转。
③ 生：生长。

【译义】

孔子说："我不想说话了。"子贡说："您如果不说话，那么我们这些同学们还传述什么呢？"孔子说："上天说什么话了？但四季照样运行，万物照样生长，上天说什么话了？"

17.20　孺悲①欲见孔子，孔子辞②以疾。将命者③出户，取瑟而歌，使之闻之。

【注释】

① 孺悲：鲁国人。可能是孔子的学生，鲁哀公曾派他跟随孔子学《士丧礼》。
② 辞：推辞不见。
③ 将命者：传话人。

【译义】

孺悲想见孔子，孔子以生病为借口推辞不见。但传话人刚出了房门，孔子便拿出了瑟，鼓瑟唱歌，故意让孺悲听到。

17.21 宰我问:"三年之丧,期已久矣。君子三年不为礼,礼必坏①;三年不为乐,乐必崩②。旧谷既没,新谷既升③,钻燧改火④,期⑤可已矣。"子曰:"食夫稻,衣夫锦⑥,于女安乎⑦?"曰:"安。""女安,则为之! 夫君子之居丧,食旨⑧不甘,闻乐不乐⑨,居处⑩不安,故不为也。今女安,则为之!"宰我出,子曰:"予之不仁也! 子生三年,然后免⑪于父母之怀。夫三年之丧,天下之通⑫丧也。予也有三年之爱于其父母乎⑬?"

【注释】

① 坏:败坏。
② 崩:荒废。
③ 升:上场。
④ 钻燧改火:古时钻木取火,因季节不同而用不同的木材。何晏《论语集解》引马融注:"《周书·月令》有更火之文。春取榆柳之火,夏取枣杏之火,季夏取桑柘之火,秋取柞楢之火,冬取槐檀之火。一年之中,钻火各异木,故曰改火也。"
⑤ 期(jī):一整年。朱熹《论语集注》:"期,周年也。"
⑥ 锦:丝绸。
⑦ 安:心安。

⑧ 旨：美味。

⑨ 闻乐（yuè）不乐（lè）：听音乐不感到快乐。

⑩ 居处：住在家里。刘宝楠《论语正义》："居处，谓居常时之处也。"

⑪ 免：离开。

⑫ 通：通行。

⑬ 予也有三年之爱于其父母乎：宰予，你对父母有三年的爱吗？何晏《论语集解》引孔安国注："通丧，自天子达于庶人也。言子之于父母'欲报之德，昊天罔极'。而予也有三年之爱乎？"

【译义】

　　宰我向孔子请教："三年丧期，时间太长了。君子三年不践行礼，礼一定会败坏；三年不演奏乐，乐一定会荒废。旧谷子已经吃完，新谷子已经上场，钻燧取火用的木头也已经轮换了一遍，服丧一年也就可以了。"孔子说："父母去世不到三年，便吃着米饭，穿着丝绸，对你来说心安吗？"宰我说："我心安。"孔子说："你心安，就去做好了！君子服丧期间，吃美味不觉得香甜，听音乐不感到快乐，住在家里不觉得舒适，所以不这样做。如今你心安，就去做好了！"宰我出去后，孔子说："宰予真不仁呀！子女出生三年后才能离开父母的怀抱。三年丧期，是天下通行的丧期。宰予，你对父母有三年的爱吗？"

17.22 子曰:"饱食终日,无所用心,难矣哉①!不有博弈者乎?为之,犹贤②乎已③。"

【注释】

① 难矣哉:很难有所成就。古注有三种解释。一是很难有所成就,如何晏《论语集解》:"难矣哉,言终无成功也";二是很难成为一个完人,如皇侃《论语义疏》:"以此处世,亦难为成人也";三是难以避免祸害,如朱熹《论语集注》:"难矣哉者,言其无以入德而将有患害也"。
② 贤:胜过,比……好。
③ 已:停止,引申为空闲。

【译义】

孔子说:"整天吃饱了饭,无所事事,这种人很难有所成就!不是有下棋的游戏吗?下下棋,也比闲着好。"

17.23 子路曰:"君子尚①勇乎?"子曰:"君子义以为上②。君子有勇而无义为③乱④,小人有勇而无义为盗。"

【注释】

① 尚:崇尚。

② 上：最可贵的。
③ 为：是。
④ 乱：犯上作乱。

【译义】

子路说："君子崇尚勇敢吗？"孔子说："君子认为义是最可贵的。君子有勇无义就会犯上作乱，小人有勇无义就会做强盗。"

17.24　子贡曰："君子亦有恶①乎？"子曰："有恶。恶称人之恶者，恶居下流而讪②上者，恶勇而无礼者，恶果敢而窒③者。"曰："赐也亦有恶乎？""恶徼④以为知者，恶不孙⑤以为勇者，恶讦⑥以为直者。"

【注释】
① 恶：厌恶。
② 讪：诽谤。
③ 窒：固执己见。
④ 徼（jiāo）：抄袭。何晏《论语集解》引孔安国注："徼，钞也，钞人之意以为己有。"
⑤ 孙：同"逊"，谦虚。

⑥ 讦(jié)：攻讦。何晏《论语集解》引包咸注："讦，谓攻发人之阴私。"

【译义】

子贡说："君子也有厌恶的事吗？"孔子说："有厌恶的事。厌恶宣扬别人坏处的人，厌恶位居下位却诽谤上位的人，厌恶勇敢却无礼的人，厌恶果断却固执己见的人。"孔子又说："赐，你也有厌恶的事吗？"子贡回答说："我厌恶抄袭别人却自以为聪明的人，厌恶不谦虚却自以为勇敢的人，厌恶攻讦别人却自以为直率的人。"

17.25 子曰："唯女子与小人为难养也，近之则不孙，远之则怨。"

【注释】

小人：仆隶下人也。朱熹《论语集注》："此小人，亦谓仆隶下人也。君子之于臣妾，庄以莅之，慈以蓄之，则无二者之患矣。"

【译义】

孔子说："只有女人和小人是难以教养的，亲近了，他们就会无礼；疏远了，他们会就抱怨。"

17.26 子曰:"年四十①而见恶②焉,其终也已。"

【注释】

① 四十:四十岁。朱熹《论语集注》:"四十成德之时,见恶于人,则止于此而已,勉人及时迁善改过也。"
② 见恶:被厌恶。

【译义】

　　孔子说:"一个人到了四十岁还被人厌恶,那他这一生也就完了。"

微子第十八

18.1 微子①去②之,箕子③为之奴,比干④谏⑤而死。孔子曰:"殷有三仁焉。"

【注释】

① 微子:子姓,名启,封于微,世称微子、微子启、微子开。他是商王帝乙的长子,商纣王的庶兄。商纣王无道,微子多次进谏,但见"纣终不可谏",就离开了商纣王。周武王灭商后,微子持祭器造访武王军门,肉袒面缚,左牵羊,右把茅,膝行而前,向武王说明自己远离帝辛的情况。周武王很受感动,乃释其缚,"复其位如故",仍为卿士。约公元前1063年,周公东征平定三监之乱后,周公代天巡狩,以周成王之命,封微子于宋地,以示不绝殷商之香火,爵位为公爵,准用天子礼乐祭祖。微子遂建了宋国,成了周朝宋国的始祖。

② 去:离开。

③ 箕子:子姓,名胥余,封于箕,故称箕子。商纣王的叔叔,官任太师。箕子见商纣王荒淫,苦心劝谏。纣王不听,箕子割发装疯,纣王把他囚禁起来,贬为奴隶。周灭商后,在箕山隐居。武王向他请教朝代更替的原因,他把《洪范》讲给武王听。他拒绝了武王请他出山的邀请,到东方隐居去了。传说,他曾向东渡海,登上一座岛定居,取名朝鲜,武王把他封为朝鲜侯。

④ 比干:子姓。商纣王的叔叔,官任宰相。因封地在比

邑,故称比干。他是帝乙时的少师,帝乙去世前,把年幼的商纣托付给他。商纣登基后,荒淫无道,比干在摘星楼强谏三日不去,商纣大怒,说:"吾闻圣人心有七窍信有诸乎?"于是杀了比干。

⑤ 谏:劝谏,用言语或行动劝告别人改正错误。

【译文】

商纣王无道,微子离开了他,箕子做了他的奴隶,比干因劝谏而被杀。孔子说:"殷朝有三位仁人。"

18.2 柳下惠为士师①,三黜②。人曰:"子未③可以去乎?"曰:"直道④而事人⑤,焉往⑥而不三黜? 枉道⑦而事人,何必去父母之邦?"

【注释】

① 士师:古代执掌禁令刑狱的官名。何晏《论语集解》引孔安国注:"士师,典狱之官。"
② 黜:罢免。
③ 未:不。
④ 直道:正直之道。
⑤ 人:他人,此处引申为君主。
⑥ 焉往:到哪儿。

⑦ 枉道：违背正直之道。

【译文】

柳下惠做士师，多次被罢免。有人说："你不可以离开鲁国吗？"柳下惠说："用正直之道事奉君主，到哪儿不会被多次罢免呢？违背正直之道侍奉君主，何必要离开祖国呢？"

18.3 齐景公待①孔子曰："若②季氏，则吾不能；以季、孟之间待之。"曰："吾老矣，不能用③也。"孔子行④。

【注释】

① 待：对待。黄式三《黄氏后案》："待孔子之待，依《史记世家》做'止'。止对行言，谓留之也。"
② 若：像。
③ 用：任用。
④ 行：离开。

【译文】

齐景公谈到如何对待孔子时说："要像鲁君对待季氏那样，我做不到；我可以用比季氏低、比孟氏高的待遇对待他。"后来又说："我老了，不能任用他了。"孔子于是便离开了齐国。

18.4 齐人归①女乐②,季桓子受之,三日不朝,孔子行。

【注释】
① 归:同"馈",赠送之义。
② 女乐:歌女。

【译义】
　　齐国赠送了很多歌女,季桓子接受了,好多天不上朝,孔子于是便离开了鲁国。

18.5 楚狂接舆①歌而过孔子曰:"凤②兮凤兮!何德之衰?往者③不可谏④,来者⑤犹可追⑥。已而⑦,已而!今之从政者殆⑧而!"孔子下,欲与之言。趋而避之,不得与之言。

【注释】
① 接舆:楚国狂人,姓陆名通,字接舆。因感于楚昭王政

令无常,乃佯狂不仕,时人称之为楚狂。他的言行主要见于《论语》《庄子》《高士传》《楚狂接舆歌》等著作。

② 凤:凤凰。

③ 往者:过去的事。

④ 谏:挽回。

⑤ 来者:将来的事。

⑥ 追:补救。

⑦ 已而:算了。

⑧ 殆:无可救药。皇侃《论语义疏》:"殆而者,言今从政者皆危殆,不可复救治之者也。"

【译义】

楚国狂人接舆唱着歌经过孔子的车旁,他唱道:"凤凰呀凤凰呀!你的运气为何这么不好呢?过去的无法再挽回了,但未来的还可以补救。算了吧,算了吧!当今从政的人无可救药了!"孔子下了车,想和他说话。接舆快走避开了,孔子没能和他说上话。

18.6 长沮、桀溺①耦而耕②,孔子过之,使子路问津③焉。长沮曰:"夫执舆④者为谁?"子路曰:"为孔丘。"曰:"是鲁孔丘与?"曰:"是也。"曰:"是知津矣。"问于桀溺。桀溺曰:"子为谁?"曰:"为仲由。"曰:"是鲁孔丘之徒与?"对曰:"然。"曰:"滔滔者天下皆是也⑤,而谁以⑥易之?且而⑦与其从辟人⑧之士也,岂若⑨从辟世之士哉?"耰⑩而不辍。子路行以告。夫子怃然⑪曰:"鸟兽不可与同群⑫,吾非斯人之徒⑬与而谁与?天下有道,丘不与易也。"

【注释】

① 长沮(jù)、桀溺:两位隐士,真实姓名与生平不详。
② 耦(ǒu)而耕:在一起耕田。
③ 津:渡口。
④ 执舆:执辔驾车。
⑤ 滔滔者天下皆是也:社会纷乱有如滔滔洪水到处都一样。何晏《论语集解》引孔安国注:"滔滔者,周流之貌。言当今天下治乱同,空舍此适彼,故曰'谁以易之'也。"
⑥ 以:能。
⑦ 而:同"尔",你。
⑧ 辟人:指躲避坏人。
⑨ 岂若:还不如。
⑩ 耰(yōu):古代弄碎土块、平整土地的农具,此处泛指耕田。

⑪ 怃（wǔ）然：怅然若失的样子。
⑫ 群：在一起。
⑬ 斯人之徒：世人。

【译义】
　　长沮和桀溺在一起耕田，孔子经过那里，让子路去打听渡口。长沮说："那个执辔驾车的人是谁？"子路回答："是孔丘。"长沮又问："是鲁国的孔丘吗？"子路回答说："是的。"长沮说："那他应该知道渡口在哪里。"子路又问桀溺。桀溺问："你是谁？"子路回答说："我是仲由。"桀溺又问："是鲁国孔丘的徒弟吗？"子路回答说："是的。"桀溺说："社会纷乱有如滔滔洪水到处都一样，谁能改变呢？你与其跟随躲避坏人的人，还不如跟随躲避乱世的人呢！"说完，两人继续耕田不止。子路回来告诉了孔子。孔子怅然若失地说："我不和鸟兽为伍，如果再不和世人在一起，又能和谁在一起呢？如果天下是太平盛世，我就不和你们去改变它了。"

18.7　子路从而后，遇丈人①，以杖②荷③蓧④。子路问曰："子见夫子乎？"丈人曰："四体不勤，五谷不分，孰为夫子⑤？"植⑥其杖而芸⑦。子路拱而立。止⑧子路宿，杀鸡为黍⑨而食之，见其二子焉。明日，子路行以告。子曰："隐者也。"使子路反见之，至则行矣。子路曰："不仕无义。长幼之节⑩不可废也，君臣之义如之何其废之？欲洁其身，而乱大伦。君子之仕也，行其义也。道之不行，已知之矣。"

【注释】

① 丈人：老人。
② 杖：木杖。
③ 荷：挑。
④ 蓧（diào）：古代一种竹编的耘田农具。
⑤ 四体不勤，五谷不分，孰为夫子：你这人，四体不勤，五谷不分，谁是你的老师。皇侃《论语义疏》："子路既借问，丈人故答子路也。言当今乱世，汝不勤劳四体，以播五谷，而周流远走，问谁为汝之夫子，而问我索之乎？"
⑥ 植：插（在地上）。
⑦ 芸：同"耘"，除草。
⑧ 止：留。
⑨ 为黍：做饭。
⑩ 节：秩序，礼节，礼仪。

【译义】

子路跟随孔子出行，落在了后面，遇见了一位用木杖挑着除草工具的老人。子路问道:"您看见我的老师了吗?"老人回答说:"你这人,四体不勤,五谷不分,谁是你的老师?"老人把木杖插在地上去除草了。子路拱着手站在旁边。老人留子路到他家住宿,杀鸡做饭请子路吃,又让两个儿子与子路相见。第二天,子路赶上了孔子,把这件事件告诉了他。孔子说:"这是个隐士呀。"孔子让子路返回去见老人,子路到了那里,老人已经离开了。子路说:"不做官是不义的。长幼之间的礼节不可以废除,君臣之间的义如何能废除?只想自身清白,却破坏了君臣之间的根本伦理关系。君子出来做官就是践行他的义。至于我们的主张行不通,早已经知道了。"

18.8 逸民①:伯夷、叔齐、虞仲、夷逸、朱张、柳下惠、少连。子曰:"不降其志,不辱其身,伯夷、叔齐与②!"谓:"柳下惠、少连,降志辱身矣。言中伦,行中虑,其斯而已矣。"谓:"虞仲、夷逸,隐居放言③,身中清,废④中权⑤。我则异于是,无可无不可⑥。"

【注释】

① 逸民:遁世隐居的人。
② 与:同"欤",置于句末,表疑问、反诘等语气。

③ **放言**：恣意言论。何晏《论语集解》引包咸曰："放，置也；不复言世务。"

④ **废**：弃官。

⑤ **权**：变通。

⑥ **无可无不可**：朱熹《论语集注》："《孟子》曰：'孔子可以仕则仕，可以止则止，可以久则久，可以速则速。'所谓无可无不可也。"

【译文】

遁世隐居的人有：伯夷、叔齐、虞仲、夷逸、朱张、柳下惠、少连。孔子说："不降低自己的志向，不屈辱自己的身份，是伯夷、叔齐吧！"又说："柳下惠、少连降低了自己的志向，屈辱了自己的身份。但是话语合乎伦理，行为经过考虑，他们也就是这样而已。"又说："虞仲、夷逸遁世隐居，恣意言论，自身清白，弃官符合变通。我却和他们不同，我是没有什么可以，也没有什么不可以。"

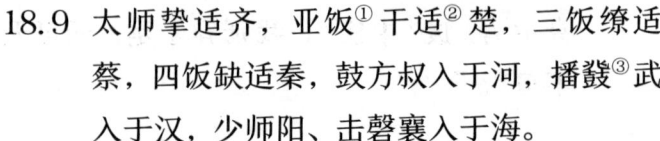

18.9 太师挚适齐，亚饭①干适②楚，三饭缭适蔡，四饭缺适秦，鼓方叔入于河，播鼗③武入于汉，少师阳、击磬襄入于海。

【注释】

① **亚饭**：周时，有地位的人吃饭时要奏乐，天子吃四次

饭,奏四次乐。诸侯三次,卿大夫两次。鲁君的四饭乐师分别是:初饭挚、亚饭干、三饭缭、四饭缺。

② 适:往,至。

③ 鼗(táo):两旁缀灵活小耳的小鼓,有柄,执柄摇动时,两耳双面击鼓作响。俗称"拨浪鼓"。

【译义】

　　太师挚去了齐国,亚饭乐师干去了楚国,三饭乐师缭去了蔡国,四饭乐师缺去了秦国,打鼓的方叔到了黄河地区,摇小鼓的武到了汉水地区,少师阳和击磬的襄到了海滨。

18.10　周公①谓鲁公②曰:"君子不施③其亲,不使大臣怨乎不以④。故旧无大故⑤,则不弃也。无求备于一人。"

【注释】

① 周公:周公旦。

② 鲁公:鲁公伯禽,周公旦的长子,姬姓,亦称禽父。周成王元年,即约公元前1042年,周公东征之后,周成王将商朝遗民六族和泰山之南的原奄国土地、人民封给周公,为鲁国。由于周公需要留在朝中,因此派其长子伯禽赴鲁国就任,于是,伯禽成了鲁国第一任国

君。因伯禽是周公之后，鲁国基本上沿用了周礼。伯禽在位46年，在他治下，鲁国成了著名的礼仪之邦，所以后人有"周礼尽在鲁矣"的感叹。

③ 施：同"弛"，怠慢义。

④ 以：用。

⑤ 大故：重大的错误。

【译文】

周公对鲁公说："君子不怠慢自己的亲人，不让大臣抱怨不被任用。老臣故友没有大的错误，就不抛弃他们。不要对一个人求全责备。"

18.11 周有八士：伯达、伯适、仲突、仲忽、叔夜、叔夏、季随、季騧。

【译文】

周朝有八个贤士：伯达、伯适、仲突、仲忽、叔夜、叔夏、季随、季騧。

子张第十九

19.1 子张曰:"士见危致命①,见得思义,祭思敬,丧思哀,其可已矣。"

【注释】
① 致命:献出生命。朱熹《论语集注》:"致命,谓委致其命,犹言授命也。"

【译文】
子张说:"士遇到危难时愿意献出生命,遇到可以获取财利时要考虑是否符合道义,祭祀时要考虑是否恭敬,服丧时要考虑是否哀伤,这样也就可以了。"

19.2 子张曰:"执德不弘①,信道不笃②,焉能为有?焉能为亡③?"

【注释】
① 执德不弘:对德行的秉持不坚定。古注中有两种解释,一是对德行的秉持不坚定,如李颙《四书反身录》:"执德是持,守坚定弘宏,则扩所未扩。"二是有德不能发扬光大,如何晏《论语集解》引江熙云:"有德不能弘大。"
② 笃:执着。
③ 焉能为有?焉能为亡:这样的人在世上无足轻重。李

颙《四书反身录》:"既宏且笃,方足以任重致远,做天地间大补益之事,为天地间有关系之人。若不宏不毅,则至道不凝,碌碌一生,无补于世。世有此人,如九牛增一毛,不见其益。世无此人,如九牛去一毛,不见其损。何足为轻重乎?"

【译义】

子张说:"对德行的秉持不坚定,对道义的信守不执着,这样的人在世上无足轻重。"

19.3 子夏之门人问交①于子张。子张曰:"子夏云何?"对曰:"子夏曰:'可者与②之,其不可者拒之。'"子张曰:"异乎吾所闻:君子尊贤而容③众,嘉④善而矜⑤不能⑥。我之大贤与,于人何所不容?我之不贤与,人将拒我,如之何其拒人也?"

【注释】

① 交:交友。古注中把子夏、子游二人论交友分为四种类型。一是何晏《论语集解》引包咸注:"友交当如子夏,泛交当如子张。"二是皇侃《论语义疏》引郑玄注:"子夏所云,伦党之交也。子张所云,尊卑之交也。"三是又引王肃注:"子夏所云敌体交,子张所云

覆盖交也。"四是王阳明《传习录》:"子夏是言小子之交,子张是言成人之交。"

② 与:交往。

③ 容:接纳。

④ 嘉:赞美。

⑤ 矜:怜悯。

⑥ 不能:才能低下的人。

【译义】

　　子夏的学生向子张请教如何交友。子张反问道:"子夏说了什么?"子夏的学生回答说:"子夏说:'可交的就与他交往,不可交的就拒绝。'"子张说:"这和我知道的不同:君子既尊重贤人,也能接纳普通人;既能赞美善人,也能怜悯才能低下的人。我如果十分贤能的话,对于别人有什么不能容纳的呢?我如果不贤能的话,别人会拒绝我,又怎么谈得上我去拒绝别人呢?"

19.4　子夏曰:"虽小道①,必有可观②者焉,致③远恐泥④,是以⑤君子不为也。"

【注释】

① 小道:指技能,如农、圃、医、卜等。朱熹《论语集注》:"小道如农圃医卜之属。"

② 观：可取之处。
③ 致：实现。
④ 泥：妨碍。何晏《论语集解》引包咸注："泥，难不通也。"
⑤ 是以：所以。

【译文】

子夏说："就算是小技能，一定也有可取之处，但它对于实现远大目标恐怕是有妨碍的，所以君子不做这些事情。"

19.5　子夏曰："日知其所亡，月无忘其所能，可谓好学也已矣。"

【译文】

子夏说："每天知道自己所不知道的，每月不忘记自己所掌握的，这就可以称为好学了。"

19.6　子夏曰："博学而笃①志，切②问而近思③，仁在其中矣。"

【注释】

① 笃：坚定。

② 切：切题。古注有两种解释。一是急切，如皇侃《论语义疏》："切，犹急也。"二是贴切、切题，如何晏《论语集解》："切问者，切问于己所学而未悟之事也。近思者，近思于己所能及之事也。若泛问所未学，远思所未达，则于所学者不精，于所思者不解也。"

③ 近思：紧扣问题去思考。何晏《论语集解》："近思者，近思于己所能及之事也。"

【译义】

子夏说："广泛地学习并且有坚定的志向，切题地发问并且紧扣问题去思考，仁就在其中了。"

19.7 子夏曰："百工居①肆②以成其事③，君子学以致④其道。"

【注释】

① 居：在。
② 肆：作坊。朱熹《论语集注》："肆，谓官府造作之处。"
③ 事：工作。
④ 致：掌握。

【译义】

子夏说："各行各业的工匠在作坊中完成自己的工作，

君子则通过学习来掌握道。"

19.8 子夏曰:"小人之过也必文①。"

【注释】
① 文:掩饰。皇侃《论语义疏》:"君子有过是己误行,非故为业,故知之则改。而小人有过,是知而故为,故愈文饰之,不肯言己非也。"

【译文】
子夏说:"小人犯了错误一定会加以掩饰。"

19.9 子夏曰:"君子有三变:望之俨然①,即②之也温,听其言也厉。"

【注释】
① 俨然:严肃庄重的样子。
② 即:靠近。

【译文】
子夏说:"君子给人的感觉有三种变化:看上去严肃庄

重，靠近了温和可亲，听他说话语气严厉。"

19.10　子夏曰："君子信而后劳其民；未信，则以为厉①己也。信而后谏；未信，则以为谤己也。"

【注释】

①厉：虐待。

【译义】

　　子夏说："君子要先取得民众的信任，然后再让他们劳作；否则，民众就会认为是虐待他们。要先取得君主的信任，然后再去劝谏；否则，君主就会认为是诽谤他。"

19.11　子夏曰："大德①不逾闲②，小德出入③可也。"

【注释】

①大德：大节，品德操守的主要方面。
②闲：栅栏，引申为逾越界限。
③出入：出门和入门，引申为不一致。皇侃《论语义

疏》:"小德,中贤以下也,其立德不能恒全,有时蹔至,有时不及,故曰出入也。"

【译文】
　　子夏说:"大节上不能逾越界限,小节上有些出入是可以的。"

19.12　子游曰:"子夏之门人小子①,当②洒扫③应对④进退⑤则可矣,抑⑥末⑦也。本之则无,如之何⑧?"子夏闻之,曰:"噫!言游过矣⑨!君子之道,孰先传焉?孰后倦⑩焉?譬诸草木,区以别⑪矣。君子之道,焉可诬⑫也?有始有卒者,其惟圣人乎!"

【注释】
① 门人小子:学生。
② 当:充任,担任。
③ 洒扫:洒水扫地。
④ 应对:接待宾客时的应答和对话,此处指接待宾客。
⑤ 进退:接待宾客时的一进一退,说话、动作要得体,此处指接待宾客。
⑥ 抑:文言连词,表转折,相当于可是。

⑦ 末：末节。

⑧ 如之何：这怎么可以呢。

⑨ 言游过矣：倒装句，游言过矣，子游的话错了。

⑩ 倦：同"传"，传授。

⑪ 区以别：有区别。何晏《论语集解》引马融注："区以别，言大道与小道殊异。譬如草木，异类区别，言学当以次也。君子之道，焉可使诬言我门人但能洒扫而已也。"

⑫ 诬：欺骗，引申为不讲究区别，不按照先后，不按照学生的根基、程度而诬妄传授。

【译义】

子游说："子夏的学生，充任洒水扫地、接待宾客的工作是可以的，可是这是末节。根本的东西没有学到，这怎么可以呢？"子夏听到了，说："咳！子游的话错了！君子之道，哪些先传授？哪些后传授？就像草木一样，是有区别的。君子之道的传授怎么能不讲究区别呢？能够按照次序有始有终地贯通的，大概只有圣人吧！"

19.13 子夏曰："仕而优①则学，学而优则仕。"

【注释】

① 优：有余力。皇侃《论语义疏》："优，谓行有余力也。若仕官治官，官法而已。力有优余，则更可研学

先王典训也。学既无当于立官,立官不得不治,故学业优足则必进仕也。"

【译义】

子夏说:"做官有余力就去学习,学习有余力就去做官。"

19.14 子游曰:"丧致①乎哀而止。"

【注释】

① 致: 给予,引申为表达出。

【译义】

子游说:"丧事表达出悲伤就可以了。"

19.15 子游曰:"吾友张也为难能①也,然而未仁。"

【注释】

① 难能: 难以企及。古注中关于子张的难能有三种解释。一是容貌和仪表难及,如何晏《论语集解》引包

咸注:"言子张容仪之难及。"二是行高难及,如朱熹《论语集注》:"子张行过高,而少诚实恻怛(dá)之意。"三是才能难及,如王闿运《论语训》:"难能,才能难及。"

【译义】

子游说:"我的朋友子张,别人是难以企及的,然而他还没有达到仁。"

19.16 曾子曰:"堂堂①乎张也,难与并②为仁矣。"

【注释】

① 堂堂:相貌堂堂。皇侃《论语义疏》:"堂堂,仪容可怜也。言子张虽容貌堂堂,而仁行浅薄,故云难并为仁。"
② 并:一起。

【译义】

曾子说:"相貌堂堂的子张呀,难以与他一起践行仁。"

19.17 曾子曰:"吾闻诸夫子:人未有自致①者也,必也亲丧乎!"

【注释】

① 致:尽情宣泄。朱熹《论语集注》:"致,尽其极也,盖人之真情所不能自已者。"

【译义】

曾子说:"我听老师说过:人很难有尽情宣泄自己的时候,如果有的话,一定是父母去世的时候吧!"

19.18 曾子曰:"吾闻诸夫子:孟庄子①之孝也,其他可能也;其不改父之臣与父之政,是难②能也。"

【注释】

① 孟庄子:即仲孙速,姬姓,世称仲孙速,谥号庄。孟献子的儿子。鲁国大夫,以孝知名。
② 难:难以做到。皇侃《论语义疏》:"时人有丧,三年之内,皆改易其父平生时臣及政事。而庄子居丧,守其政,故其他孝行虽有可称,而皆不若此事之为难。"

【译义】

　　曾子说:"我听老师说过:孟庄子的孝,别人一般也能做得到;而他没有更换父亲的旧臣和改变父亲的施政方针,那是别人难以做到的。"

19.19　孟氏①使阳肤②为士师,问于曾子。曾子曰:"上失其道,民散久矣。如得其情,则哀矜③而勿喜!"

【注释】

① 孟氏:即孟敬子,姬姓,名捷,世称仲孙捷。他比孔子小46岁,与曾子同岁。
② 阳肤:曾子弟子,鲁国人。
③ 哀矜:怜悯。

【译义】

　　孟孙氏任命阳肤做士师,阳肤向曾子请教。曾子说:"在上的人失掉了道义,民心涣散很久了。你如果知道了他们的犯罪实情,应该怜悯他们,而不是高兴。"

19.20　子贡曰:"纣之不善,不如是之甚也。是以①君子恶居下流②,天下之恶皆归③焉。"

【注释】

① 是以：所以。
② 下流：江河的末端，引申为恶名集于一身。朱熹《论语集注》："下流，地形卑下之处，众流之所归，喻人身有污贱之实，亦恶名之所聚也。子贡言此，欲人常自警省，不可一置其身于不善之地，非谓纣本无罪，而虚被恶名也。"
③ 归：加到。

【译义】

子贡说："商纣王的恶，不像说的那么严重。所以君子憎恨处于下游，如果处于下游，天下的一切坏事都会加到你头上。"

19.21 子贡曰："君子之过也，如日月之食焉：过也，人皆见之；更也，人皆仰之。"

【译义】

子贡说："君子的过错，就好像日食月食一样：犯错了，人人都看得见；改正了，人人都敬仰。"

19.22 卫公孙朝问于子贡曰:"仲尼焉学①?"子贡曰:"文武之道,未坠于地②,在人。贤者识③其大者,不贤者识其小者,莫不有文武之道焉。夫子焉不学?而亦④何常师⑤之有?"

【注释】
① 焉学:从哪儿学。
② 未坠于地:没有失传,指文武之道还在人间。
③ 识:了解。
④ 而亦:为何。
⑤ 常师:固定的老师。

【译义】

　　卫国的公孙朝问子贡说:"仲尼的学问是从哪儿学的?"子贡说:"周文王、周武王的道并没有失传,还在人间。贤能的人能了解它的根本,不贤的人只能了解它的末节,周文王、周武王的道无处不在。我的老师从哪儿不能学?为何要有固定的老师呢?"

19.23 叔孙武叔①语大夫于朝曰:"子贡贤于仲尼。"子服景伯以告子贡。子贡曰:"譬之宫墙,赐之墙也及肩,窥见室家之好。

夫子之墙数仞②，不得其门而入，不见宗庙之美，百官③之富④。得其门者或寡矣。夫子之云，不亦宜乎！"

【注释】

① 叔孙武叔：姬姓，叔孙氏，名州仇，谥号武，称叔孙州仇，史称叔孙武叔。鲁国三桓家族之一的叔孙氏家族成员，鲁国司马。他一向与孔子不合，对孔子多所诋毁。
② 仞：七尺曰仞。
③ 官：同"馆"，房舍。
④ 富：多种多样。

【译义】

叔孙武叔在朝廷中对大夫们说："子贡比仲尼还贤能。"子服景伯把这话告诉了子贡。子贡说："拿围墙来做比喻，我家的围墙有肩膀那么高，谁都可以看见里面房屋的美好。我老师家的围墙有好几丈高，如果找不到门进去，就看不到里面宗庙的富丽堂皇，房舍的多种多样。能找到门进去的人大概很少了。叔孙武叔那样说，不也很自然吗！"

19.24 叔孙武叔毁仲尼。子贡曰："无以为也①！仲尼，不可毁也②。他人之贤者，丘陵也，犹可逾也；仲尼，日月也，无得而逾焉。人虽欲自绝，其何伤于日月乎？多③见其不知量也。"

【注释】

① 无以为也：不要这样做。朱熹《论语集注》："无以为，犹言无用为此。"
② 毁：诽谤。
③ 多：恰恰。

【译文】

叔孙武叔诽谤仲尼。子贡说："不要这样做！仲尼是诽谤不了的。别人的贤德，好比是丘陵，还可以越过去；仲尼的贤德，好比是日月，是无法越过的。即使有人要自绝于日月，对日月有什么损害呢？恰恰表现出了他的不自量力罢了。"

19.25 陈子禽谓子贡曰："子为①恭②也，仲尼岂③贤于子乎？"子贡曰："君子一言以为知，一言以为不知，言不可不慎也。夫子之不可及也，犹天之不可阶而升也。夫子之得邦家④者，所谓立之斯立，道⑤之斯行，绥之⑥斯来，动⑦之斯和⑧。其生也荣，其死也哀，如之何其可及也？"

【注释】

① 为：是。
② 恭：谦虚。
③ 岂：表示反诘、疑问，难道。
④ 得邦家：做诸侯或大夫。皇侃《论语义疏》："邦，谓作诸侯也。家，谓作卿大夫也。"
⑤ 道：引导。
⑥ 绥：安抚。
⑦ 动：动员。
⑧ 和：同心协力。

【译义】

陈子禽对子贡说："您是太谦虚了吧，仲尼难道比您还贤能吗？"子贡说："君子一句话就可以表现出他的聪明，一句话就可以表现出他的不聪明，所以说话不可不谨慎。我的老师是难以企及的，就像天不能搭着梯子爬上去一样。我的老师如果做诸侯或卿大夫，他进行治理时，他让民众立足于社会，民众就能立足于社会；他一引导民众，民众就会前进；他一安抚民众，民众就会前来归附；他一动员民众，民众就会同心协力。他活着受人尊敬，死了令人哀痛，像这样如何能企及呢？"

尧曰第二十

论语译注

20.1 尧曰:"咨①!尔舜!天之历数②在尔躬③,允执其中④。四海困穷,天禄永终⑤。"舜亦以命⑥禹。曰⑦:"予小子⑧履⑨敢用玄牡⑩,敢⑪昭告⑫于皇皇⑬后帝⑭:有罪不敢赦⑮。帝臣不蔽⑯,简在帝心⑰。朕躬有罪,无以⑱万方⑲;万方有罪,罪在朕躬。"周有大赉⑳,善人是富。"虽有周㉑亲,不如仁人。百姓有过,在予一人。"谨权㉒量㉓,审法度㉔,修㉕废㉖官,四方之政行㉗焉。兴灭国,继绝世,举逸民㉘,天下之民归心㉙焉。所重:民、食、丧、祭。宽则得众,信则民任焉㉚,敏㉛则有功㉜,公㉝则说㉞。

【注释】

① 咨:感叹词,犹"啧啧",咂嘴表示赞叹、赞美。
② 天之历数:天命规定的次序。这里指帝王更替的一定次序。古代帝王常常假托天命,都说自己能当帝王是由天命所决定的。
③ 尔躬:你身上。
④ 允执其中:诚实地持守中正之道。皇侃《论语义疏》:"允,信也。执,持也。中,谓中正之道也。言天信运次既在汝身,则汝宜信执持中正之道也。"

⑤ **四海困穷，天禄永终**：如果天下百姓陷于贫困，（那么）上天赐给你的禄位就会永远终止了。

⑥ **命**：告诫。

⑦ **曰**：（商汤）说。

⑧ **小子**：君王祭祀天地时自称。

⑨ **履**：商汤，即成汤，子姓，名履，又名天乙。河南商丘人。汤是契的第十四代孙，主癸之子，商朝开国君主。汤本来是夏朝诸侯方国商国的国君，因夏桀无道，汤灭了夏，建立了商。汤是历史上著名的明君。

⑩ **玄牡**：玄，黑色；牡，公牛。玄牡指的是黑色公牛。

⑪ **敢**：谦辞，大胆。

⑫ **昭告**：明明白白地告知。

⑬ **皇皇**：伟大。

⑭ **后帝**：后，指君主。古代天子和诸侯都称"后"，到了后世，才称帝王的正妻为后；帝，古代指最高的天神。后帝指的是天帝。

⑮ **赦**：赦免。

⑯ **蔽**：隐瞒。

⑰ **简在帝心**：简，本义是检阅、检查，这里有知道、明白、清楚的意思。"简在帝心"指天帝心里是明白的。

⑱ **以**：连累。

⑲ **万方**：天下。

⑳ **赉**（lài）：分封，赏赐。

㉑ **周**：至，最。

㉒ **权**：秤锤，指计量重量的标准。

㉓ **量**：量器，指计量容积的标准。

㉔ **法度**：指计量长度的标准。

㉕ **修**：恢复。

㉖ **废**：被废弃的。

㉗ **行**：通行。

㉘ **兴灭国，继绝世，举逸民**：复兴灭亡了的国家，接续断绝了的世系，起用避世隐居的人。

㉙ **归心**：诚心地归附。

㉚ **信则民任焉**：任，听凭。"信则民任焉"指的是守信就会被人任用。

㉛ **敏**：勤勉。

㉜ **功**：成功。

㉝ **公**：公平。

㉞ **说**：同"悦"，高兴。

【译义】

尧说："啧啧！舜啊！根据天命规定的次序，帝位已落到你身上了，你要诚实地持守中正之道。如果天下的百姓都陷于贫困，上天赐给你的禄位就会永远终止了。"舜也把这些话告诫了禹。商汤说："我是履，我大胆地用一只黑色公牛来祭祀，明明白白告知伟大的天帝：有罪的人我不敢轻易赦免。您臣子的善恶我也不隐瞒，您心里是明白的。我自己如果有罪，不要累及天下百姓；天下百姓如果有罪，罪都加在我一人身上。"周朝大封诸侯，使善人都富贵起来。周武王说："我虽然有至亲，但不如有仁德的人。

百姓如果有过错的话，过错都在我一人身上。"谨慎地审定度量衡，恢复被废弃的官制，政令就会通行四方了。复兴灭亡了的国家，接续断绝了的世系，起用避世隐居的人，天下的民众也就诚心归附了。国家所重视的是：人民、粮食、丧葬、祭祀。宽厚就会得到民众的拥护，守信就会被人任用，勤勉就容易取得成功，公平就会让民众高兴。

20.2 子张问于孔子曰："何如斯可以从政矣？"子曰："尊①五美，屏②四恶，斯可以从政矣。"子张曰："何谓五美？"子曰："君子惠而不费③，劳而不怨，欲而不贪④，泰而不骄⑤，威而不猛⑥。"子张曰："何谓惠而不费？"子曰："因民之所利而利之⑦，斯不亦惠而不费乎？择可劳而劳之，又谁怨？欲仁而得仁，又焉贪？君子无众寡，无小大，无敢慢⑧，斯不亦泰而不骄乎？君子正其衣冠，尊其瞻视⑨，俨然人望而畏之，斯不亦威而不猛乎？"子张曰："何谓四恶？"子曰："不教而杀谓之虐；不戒⑩视成⑪谓之暴；慢令致期⑫谓之贼；犹之与⑬人也，出纳⑭之吝谓之有司⑮。"

【注释】

① 尊：同"遵"，遵循。汉代的尊多是遵，当时已经有"遵五屏四""遵美屏恶"之说。

② 屏（bǐng）：除去。

③ 费：无所耗费。

④ 欲而不贪：追求仁德而不贪图财利。

⑤ 泰而不骄：庄重而不傲慢。

⑥ 猛：凶猛。

⑦ 因民之所利而利之：顺着民众可以获利之处而让民众获利。皇侃《论语义疏》："因民所利而利之，谓民水居者利在鱼盐蜃蛤，山居者利于果实材木，明君为政，即而安之，不使水居者居山，渚者居中原，是因民所利而利之，而于居无所损费也。"

⑧ 慢：怠慢。

⑨ 尊其瞻视：目光严肃端正。

⑩ 戒：告诫。

⑪ 成：（要求立即）成功。

⑫ 慢令致期：致期，到期。"慢令致期"指的是政令下达很晚又要限期完成。

⑬ 与：给予人东西。

⑭ 出纳：掌管财物的官员。

⑮ 有司：管理财务的小官，引申为小气。

【译文】

子张向孔子请教说："怎样才可以处理政务？"孔子

说:"遵循五种美德,摒弃四种恶政,这样就可以处理政务了。"子张说:"什么是五种美德?"孔子说:"君子给民众好处,而自己却无所耗费;让民众劳作,民众却没有怨言;追求仁德而不贪图财利;庄重而不傲慢;威严而不凶猛。"子张说:"怎样才算是给民众好处而自己却无所耗费呢?"孔子说:"顺着民众可以获利之处而让民众获利,这不就是给民众好处而自己却无所耗费吗?选择民众可以劳作的事情而让民众去劳作,谁又会有怨言呢?追求仁德而得到了仁德,怎么叫贪图财利呢?不论人数多少,职位大小,君子都不敢怠慢,这不就是庄重而不傲慢?君子衣冠整齐,目光严肃端正,让人望而生畏,这不也是威严而不凶猛吗?"子张说:"什么是四种恶政呢?"孔子说:"事先不教化就杀人称为虐;事先不告诫而要求立即成功称为暴;政令下达很晚又要限期完成称为贼;同样是给人东西却很吝啬称为小气。"

20.3 子曰:"不知命①,无以为君子也;不知礼,无以立也;不知言②,无以知人也。"

【注释】

① 命:天命。皇侃《论语义疏》:"命,谓穷通夭寿也。"
② 知言:分辨别人的言语。刘宝楠《论语正义》:"言者心声,言有是非,故听而别之,则人之是非亦知也。"

【译文】

孔子说:"不懂得天命,就不能做君子;不懂得礼,就无法立身处世;不懂得分辨别人的言语,就无法了解这个人。"

后记

1996年，我跟导师朱维铮先生读的第一本书就是刘宝楠的《论语正义》，虽然当时读得非常吃力，但朱先生的教诲为我后来研究《论语》打下了坚实的基础。

后来，在上海外国语大学讲授《论语导读》时，为了教学便利，我尝试着为《论语》新作一译注本。其间，三易其稿，终于成了目前这个样子。

《论语》是孔子的弟子及再传弟子编纂的一本语录体的儒家典籍，从东汉郑玄首次注《论语》至今，《论语》的注本层出不穷。随着国学热的兴起，《论语》的新注、新译更是汗牛充栋，有些注本也是新见迭出。但也有些注本为求新而求新，完全忽视了近2000年的古注常识，这可能背离了注疏的初衷。

本书试图尝试在尊重古注的前提下，重新为《论语》做一个译注。主要参考资料包括刘宝楠的《论语正义》(中华书局版《十三经清人注疏》)、朱熹的《论语集注》(中华书局版《新编诸子集成》)、程树德的《论语集释》及杨伯峻的《论语译注》等。

本书的出版得益于很多师友的帮助和支持。

感谢复旦大学的路卫东教授，是他的多次鼓励与指导，我才有了做这本书的勇气。

感谢静安区委宣传部的王光成先生，他在百忙之中、不辞辛劳地为本书做了大量文字处理工作，这种无私的付出让我感佩莫名。

感谢挚友王兆兵、董建辉及上海外国语大学的孙秀丽老师、王宝珠老师、刘豪杰老师，每

后·记

次的交流都让我获益良多。

感谢上海社会科学院出版社副总编辑唐云松先生和编辑温欣女士，是他们的容忍与不弃，本书才有了出版机会。

感谢上海外国语大学的赵鸣岐教授，没有赵老师的教诲和指导，便不会有这本书的诞生。

感谢上海外国语大学的衣永刚部长、孙宇伟书记、蒙象飞副院长，以及科研处冯瑜老师、王珏老师给予的鼓励和支持。

最后，感谢家人的默默付出和支持，这也是我继续研究下去的动力。

本人才疏学浅，粗鄙挂漏之处，敬祈方家指正。

孔祥瑞

2020 年 6 月 3 日

责任编辑：温欣
装帧设计：璞茜设计-王薯聿
责编邮箱：wenxin@sassp.cn

豆瓣小站：上海社会科学院出版社
新浪微博：@上海社会科学院出版社
官方网址：www.sassp.cn

微信公众号

天猫旗舰店

官方微店

上架建议：哲学·儒家

ISBN 978-7-5520-3310-6

定价：58.00元